歴史の薫りに触れる——

とうほく旅街道

写真・文 奥山淳志

河北新報出版センター

旅のはじめに

道は時代の様相に敏感に反応し、常に姿を変えてきた。本書で紹介する街道は主に藩制時代に逐次整備されたものだが、それらの道は、近世に生まれたものではなく、古代、中世と歩んできた道を基とし、新たな利用法に沿って少しずつ造り変えていったものがほとんどである。街道を旅しながら路傍の歴史に目を向けると、知らず知らずのうちに中世、古代へと時を遡っていくのは、道が歴史の層そのものだからなのだろう。

また、街道は「土地の今」を伝える場所のひとつでもある。街道沿いに残る風習、暮らしぶり…。それらには、「昨日」と「今日」が複雑に絡み合い、「今」が現れている。「かつて」と「今」を往復しながら、東北の美しい自然と暮らしに目を向ける。本書では、そんな「街道旅」を紹介したい。

藩制時代に敷かれた石畳が残る越後十三峠街道の黒沢峠。そこを歩けば旅人の息遣いが聞こえてくる（山形県小国町黒沢）

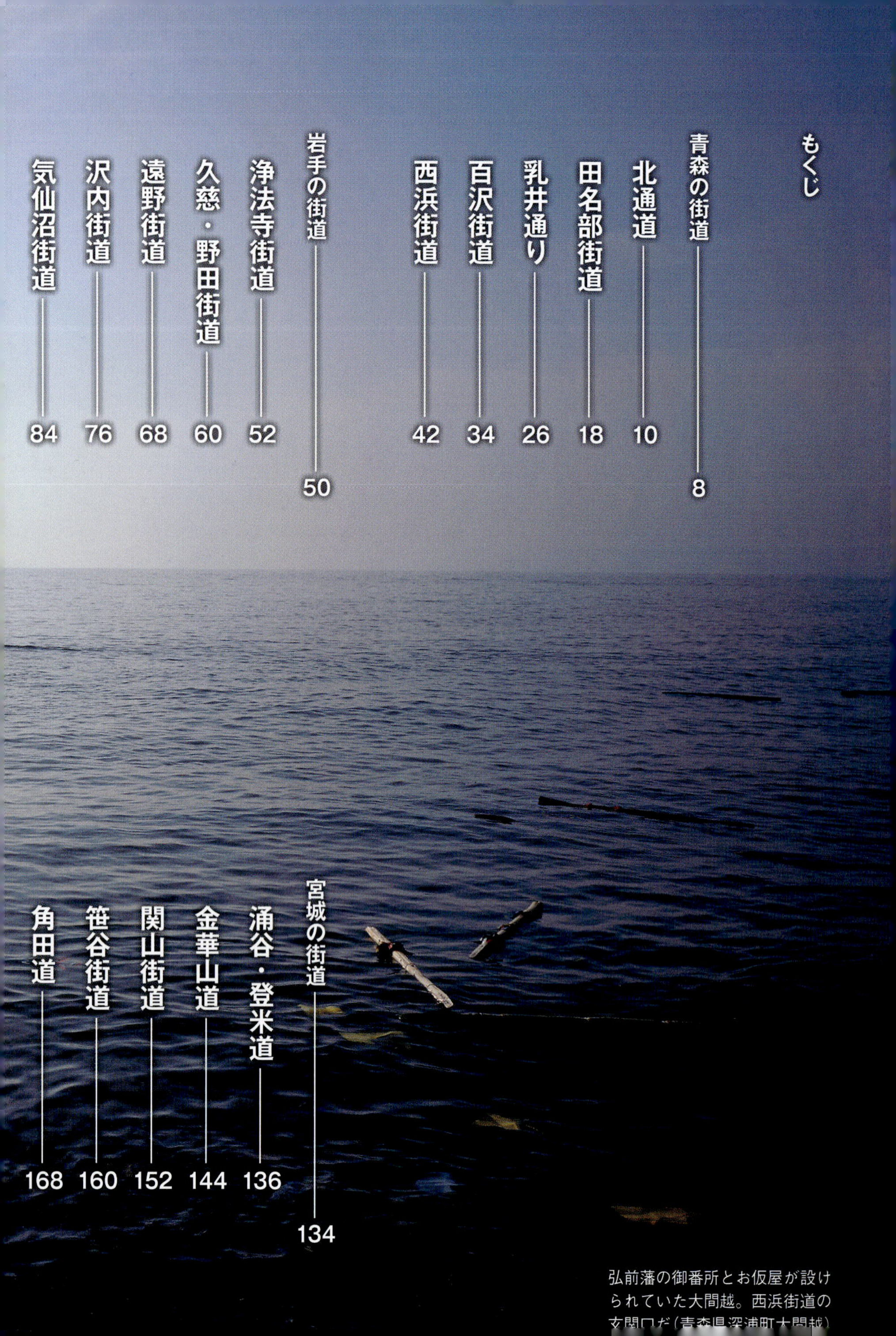

もくじ

弘前藩の御番所とお仮屋が設けられていた大間越。西浜街道の玄関口だ（青森県深浦町大間越）

東北の街道

東北の主要街道となるのは、
東北を南北に貫く、
奥州道中と羽州街道だ。
この二本の街道を補い、
東北の隅々にまで延びるのが、
いわゆる脇街道や枝街道である。
本書で紹介する道筋は、
こうした小さな街道が中心だ。
もちろん、東北中の街道を
網羅できたわけではないが、
本書で紹介する30本の
街道を旅することで
広い東北を実感できるだろう。

奥州道中
羽州街道
北国街道
羽州浜街道
鼠ケ関
酒田
吹浦
八幡
六十里越街道
鶴岡
越後十三峠街道
青沢越街
新庄
及位
小国
西会津宝坂
羽州街道
越後街道
天童
山形
米沢
下野街道
会津若松
笹谷街道
関山街道
田島
白河街道
白石
福島
涌谷・登米
二本松
桑折
松島
仙台
白河
岩沼
角田道
郡山
石巻
矢吹
奥州西海道
金華山
相馬
水戸街道
矢祭大洪
金華山

青森の街道

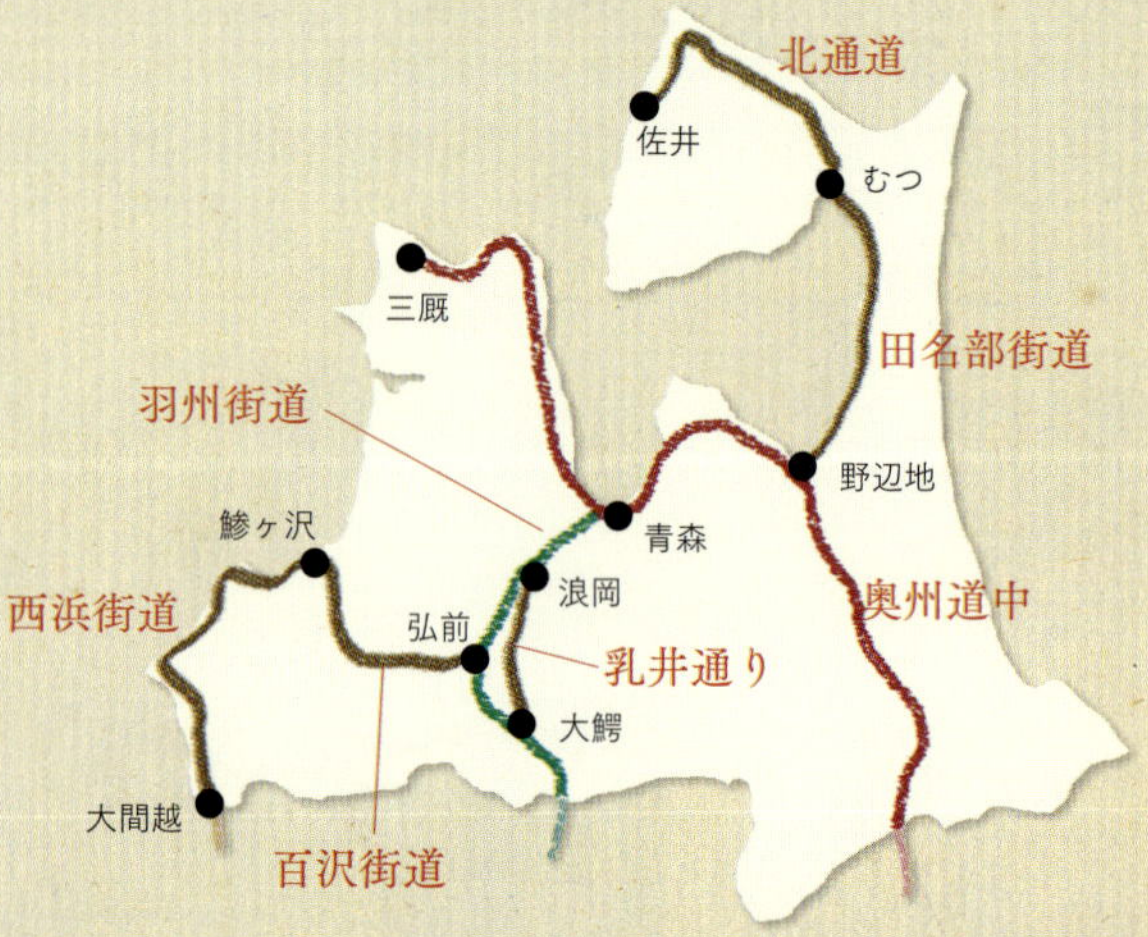

青森の街道は、奥州道中と羽州街道を通じて下北と津軽の両半島とつながっている。その道筋は、本州最北の土地柄だけに鄙の世界を伝える街道も少なくないが、秋田や山形の日本海側地方と同様、北前船によって栄えた一面も見せる。とくに日本海側には、深浦や鰺ヶ沢、十三湊などの良湊があり、商人が住み着くことで北前船文化とも呼ばれる、暮らしぶりがつくられていた。西津軽に延びる街道に、北前船の面影を探すのも興味深いひとときだろう。

また、津軽、下北をはじめ、青森路でよく出合う光景のひとつが地蔵信仰だろう。地蔵菩薩が本尊である恐山は言うまでもないが、津軽・金木の川倉地蔵尊をはじめ、この地には濃厚なまでの地蔵信仰の姿がある。

地蔵菩薩とは、釈迦が入滅した後、弥勒菩薩が出現するまでの間、仏に代わって衆生を救う存在として説かれてきた。日本において平安期以降、地獄の責め苦にあう衆生を救う存在として広まったという。

青森の地蔵信仰もここに由来していることは間違いない。しかし、金木の川倉地蔵尊の賽の河原に安置された大小2000体以上の地蔵に見るように、この地には一言では語り得ない信仰心の深さがあるように思える。最北の暮らしは、そこに生きる人のなかに深い死生観をも育むのだろうか。

写真上、恐山宇曽利山湖には、清浄な気配が漂う（むつ市田名部）　写真下、羽州街道沿いの碇ヶ関で出合ったお地蔵様。化粧を施すのも青森の地蔵信仰の特徴だ（平川市碇ヶ関古懸）

aomori 001

北通道

下北最北を目指す辺境の旅路

青森県むつ市田名部——青森県佐井村佐井

大間港の朝は早い。夜が明けたと思ったら漁を終えた船が入ってきた（大間町大間）

北方警備で重要視された下北の道を行く

本州最北端、下北半島の突端を目指す北通道《きたどおりみち》。旅のはじまりは、むつ市田名部《たなぶ》の代官所跡だ。

盛岡藩の代官所があった小高い丘は現在公園として生まれ変わり、眼下には田名部の町並みが広がっていた。田名部は南の野辺地《のへじ》と田名部街道でつながり、北の大間や佐井《さい》、そして蝦《え》夷地《ぞち》へは北通道でつながっていた。下北の要衝、田名部。今も昔もこの町の役割は同じだろう。

北通道は海峡沿いの村々の生活路として、古くからその存在が認められていたが、街道としての整備が本格化したのは近世のことだ。この時代の整備目的はロシアなどからの異国船に対する北方警備だった。鎖国体制を推進する幕府により、遠見番《とうみばん》

所《しょ》や砲台場《ほうだいじょう》が街道沿いに築かれ、下北は本州における北方警備の最前線的な役割を担った。また享和《きょうわ》3年（1803）には佐井—函館が蝦夷地渡航の本筋となり、整備が加速した。辺境の道とはいえ、蝦夷地とつながりを持ったことで、幕府の役人をはじめ、盛岡藩・仙台藩の藩兵らが次々と通過したようだ。

さて、旅を急ごう。田名部から北上し、関根を過ぎると青黒い海峡が旅人を迎えてくれる。この先、街道は海峡を右に眺めながら、西へと進んでいく。次に現れるのが大畑《おおはた》だ。

この大畑を有名にしたのは下北の特産品であるヒバだった。香り高く腐食に非常に強いヒバは、昔から神社仏閣等、長寿命の建築物に好んで用いられてきた。実は、世界遺産登録となった平泉の金色堂にもヒバが使われている。ヒバを活かす知恵は

写真上、10 月は昆布漁の最盛期（風間浦《かざまうら》村《むら》蛇浦《へびうら》）　写真下、釣屋浜《つりやはま》は美しい集落だった（むつ市大畑町）

写真上、夜になると漁火が水平線に並んだ。マグロ漁の餌となるイカを狙っているのだという（大間町大間）　写真右、街道沿いで出合った地蔵堂。恐山をはじめ、この地は地蔵信仰が篤い（むつ市大畑町）　写真下、運河に利用された田名部川。田名部川河口の大湊《おおみなと》は北前《きたまえ》商人で賑わった（むつ市小川町）

平安の世から存在しているのだ。

　大畑を流れる大畑川が下北産ヒバの積み出し港となっており、多くの商人で賑わったという。その大畑川を渡り、室町期から続く湯治場で知られる下《しも》風《ふ》呂《ろ》温泉《おんせん》、アイヌの棟梁が暮らしていたという易国間《いこくま》を抜けると、いよいよ本州最北端の大間が近付いてきた。

　平成の世において、この町を一躍有名にしたのは、海峡沖で行われるマグロ漁だろう。大間産のマグロは、国内最高級品としての名声を誇る。漁師たちは海峡の荒波に翻弄されつつも夢を掴む思いでマグロを追い続けるという。

　大間を過ぎると北通道は田名部を出て以来、初めて南に進路をとった。佐井ももうすぐだ。ここで陸の道は終わるが、蝦夷地へと向かう海の道が新たに始まっていく。

現在の大間を有名にしたのは間違いなくマグロ漁だろう。これはまだ小ぶりだという（大間町大間）

朝日が昇った沖合では、多数の漁船がマグロの群れに集結する姿があった（大間町大間）

aomori
001

北通道

起点●青森県むつ市――終点●青森県佐井村

盛岡藩の代官所が置かれたむつ市田名部を起点に北上。津軽海峡に出て、海岸線に沿って大間まで進むと、南下し佐井へと至る。国道279号に沿って、進むことになる。

A 関乃井《せきのい》酒造は本州最北の酒蔵で知られる。明治24年（1891）創業だ（むつ市柳町）

B 恐山賽の河原霊場。近世の下北を有名にしたのは恐山だった（むつ市田名部）

散策ガイド

観　光

●釜臥山《かまふせやま》展望台

下北半島の最高峰・釜臥山。展望台からは、恐山の宇曽利山湖や北海道までもが見渡せる。
所在地／青森県むつ市大湊字釜臥山1
TEL 0175-24-4790　map E-5

●早掛沼《はやかけぬま》公園

桜の名所で、珍しい緑色の桜「御衣黄《ぎょいこう》」も見どころの一つ。
所在地／青森県むつ市田名部字小平舘の内尻釜 35-36
TEL 0175-22-1591　map D-6

●川内渓谷

4.4 km 続く遊歩道には滝見台・ハツ橋・張り出し歩道などのビュースポットが点在する。
所在地／青森県むつ市川内町
TEL 0175-42-2111（川内庁舎産業建設課）　map D-3

●薬研《やげん》温泉

温泉の湧出口が漢方薬をつくる器具『薬研』に似ていることに由来。
所在地／青森県むつ市大畑町薬研
TEL 0175-34-2111（大畑庁舎産業振興課）　map C-4

●むつ市川内地区：海と森ふれあい体験館

川内地区は、海や川、森、湖、山もある大自然の宝庫。シーカヤック、シュノーケリングが体験でき、館内には300点におよぶ世界の貝類、山口和雄コレクションを展示。
所在地／青森県むつ市川内町川内 477
TEL 0175-42-2411（NPO 法人シェルフォレスト川内）　map E-4

●下風呂温泉郷

古く室町時代から知られた湯治場で、作家、井上靖や水上勉も訪れた。硫黄泉で傷に効能がある。
所在地／青森県下北郡風間浦村ひころの里
TEL 0175-36-2824（大湯）
TEL 0175-36-2860（新湯）
map B-4

●本州最北端の地

大間町の先端、北緯 41 度 33 分、東経 140 度 58 分の場所には「こゝ本州最北端の地」の碑がそびえ立っている。
map A-3

買い物

●まさかりプラザ（むつ下北観光物産館）

お土産品・特産品の販売所、観光案内所、レストランがある。
所在地／青森県むつ市柳町 1-10-25
TEL 0175-22-0909　map D-6

●道の駅かわうち湖

特産品の販売コーナーや軽食、休憩コーナーなどがある。
所在地／青森県むつ市川内町福浦山 314
TEL 0175-38-5108　map D-2

街道の歴史、文化財等の問い合わせ先

●街道について

むつ市教育委員会生涯学習課
TEL 0175-22-1111（代表）
青森県立郷土館
TEL 017-777-1585

●その他

むつ市観光協会
TEL 0175-23-1311
下北観光協議会
TEL 0175-22-1111（代表）

C 大畑川の河口あたりには船着き場があり、青森特産のヒバの集積場だった（むつ市大畑町湊村）

D 田名部三十三観音第十五番札所の高野山大海寺。このあたりには寺社が多い（風間浦村蛇浦）

E 大間崎の沖に浮かぶのは、海神《かいじん》を祀る弁天島。その向こうが蝦夷地だ（大間町大間）

F 街道の終点となる佐井は穏やかな午後の光を浴びていた。ここが蝦夷地への出発点だ（佐井村佐井）

aomori 002

青森県野辺地町野辺地――青森県むつ市田名部

霊場恐山へと続く信仰と暮らしの道

田名部街道

田名部は、霊場恐山の入り口でもあった。恐山での朝、宇曽利山湖は清浄なる気配で佇んでいた（むつ市田名部）

恐山は宗派を問わず、地蔵講を中心とした信者たちが集う場所だったという(むつ市田名部)

写真上、野辺地を出ると、海辺道が続く。潮騒と風の音だけが聞こえる（横浜町雲雀平《ひばりたいら》） 写真右、旅籠としても利用されていたという民家（むつ市奥内） 写真左、陸奥湾を航行する北前船の案内を務めた浜町の常夜灯。文政10年（1827）に大阪の商人橘屋吉五郎が運んできたという（野辺地町野辺地）

下北の玄関口、野辺地から一路北に向かう

現在の旅においても「下北」はなかなかたどり着き得ない土地のひとつだろう。交通の便の悪さ、冬の厳しさ…。様々な要因が下北を遠ざけてきた。しかし、だからなのだろうか。下北は遥か北で孤高の佇まいを保ち続けているようにも思える。過去の旅人にとって下北はいかなる土地だったのだろうか。旅の記憶を感じるべく、街道の起点となる野辺地に立った。目的地はむつ市田名部。盛岡藩の代官所が置かれた町である。

まずは海に向かう。野辺地は北前船交易で大いに賑わった湊《みなと》だった。南部からは木材、大豆、紫紺《しこん》、尾去沢《おさりざわ》銅山の御産銅などが運び出され、上方からは木綿や日用品などがもたらされた。

田名部神社では、行商のおばあさんがパラソルの下でのんびりと野菜を売っていた（むつ市田名部町）

浜町に立つ常夜灯は、日夜を問わず船が行きかう野辺地湊の様子を伝える生き証人である。

野辺地を出ると、街道は海沿いをひたすら北に向かう。一般的には海に沿った道は海辺道と称されたが、この道は、「入海辺道」と呼ばれ区別されていた。穏やかに凪ぐ陸奥湾ゆえの呼称だろうか。とはいえ、実際にその道筋をたどってみると、やはり北の自然は生やさしいものではない。石碑など、往時の面影は海岸浸食によってほとんど失われていた。そうなると、街道の記憶を留めるのは有戸《ありと》、横浜、有畑《ありはた》、奥内《おくない》といった沿道の漁村となるのだが、人の世もまた変わりゆくもの。かすかな気配を伝えるのみだった。

それでも、この田名部街道が深い旅情を湛えるのは、やはり田名部の背後に恐山の存在があるからだろうか。藩制期後半に

写真上、日が傾きはじめると、陸奥湾がときおり眩しい光を送ってよこした（野辺地町木明《きみょう》）　写真右、藩制期の田名部川は運河としても利用されていた。海と川、そして人の暮らしはともにあった（むつ市小川町）　写真左、白山神社の拝殿では極彩色の唐獅子が海を見張っていた（むつ市奥内）

はロシア船などの蝦夷地警備における連絡路としても重要視されたという田名部街道だが、近世、この道を有名にしたのは霊場恐山だった。参詣旅が一大ブームとなるや、恐山巡礼の起点となる田名部には無数の信者が詰めかけたという。

　今回の旅でも田名部を歩いた後、恐山を目指した。恐山へは、１２４丁、１３０基の丁塚が道標となる。それをひとつ、またひとつとたどっていくと、山懐から漂い出る濃密な霧に包まれた。さらに進み、風で霧が少し流れると、そこが恐山だった。霊たちが漂うという宇曽利《うそり》山湖には夏の気配はなく、張り詰めた静寂だけがあった。そして、湖のほとりには逝く人を偲び、風車を砂に刺す人の姿があった。

　下北の遠さは、現世にとっての彼岸、あの世の遠さにどこかで通じているのかもしれない。

aomori
002

田名部街道

起点●青森県野辺地町……終点●青森県むつ市

奥州街道の宿駅野辺地と下北半島の玄関口むつを結ぶ道筋は、半島の西海岸に沿って長く延びていた。そのほとんどが浜を行く海辺道だったため、史跡は少ない。

A 北前船で賑わいをみせた野辺地には同心組丁といった藩制期の町の区割りが残る（野辺地町米内沢《よないさわ》）

B 波が穏やかな陸奥湾では塩が作られていた。直煮製塩による塩釜がこのあたりにあったという（横浜町雲雀平）

C 源義家の東征についての伝承を伝える檜木八幡神社。周辺には鎮守の森が広がる（横浜町茅平《かやたいら》）

D 浜奥内の白山神社では地元漁師が大漁祈願を行うという（むつ市奥内）

散策ガイド

観　光

●野辺地町立歴史民俗資料館
野辺地町の考古、歴史、民俗などに関する資料を展示。
所在地／青森県上北郡野辺地町字野辺地1-3
TEL 0175-64-9494　map F-2

●愛宕公園
明治17年(1884)、高橋亭山の指導により町を一望できる高台に造られた公園。散策路には松尾芭蕉の句碑や、石川啄木の歌碑などがある。
所在地／青森県上北郡野辺地町字寺ノ沢地内
TEL 0175-64-9555(野辺地町観光協会)　map F-2

●のへじ十符ヶ浦海水浴場
野辺地海浜公園の中核をなす海水浴場。陸奥湾に面した広い砂浜からは遠く下北半島も眺められる。
所在地／青森県上北郡野辺地町字田名部道地内
TEL 0175-64-0778　map F-2

●吹越烏帽子《ふっこしえぼし》
登山も可能な標高507.8mの吹越烏帽子の山頂からは、横浜町や陸奥湾の美しい景観が眺められる。
所在地／青森県上北郡横浜町明神平
TEL 0175-78-2111(横浜町役場)
map D-4

●田名部神社《たなぶじんじゃ》
毎年8月18日～20日に行われる下北最大の祭りで、京都祇園祭の流れをくむ田名部まつり(田名部神社例大祭)が行われる神社。
所在地／青森県むつ市田名部町1-1
TEL 0175-22-7470
map B-3

●霊場恐山
比叡山、高野山と並ぶ日本三大霊場のひとつ。貞観4年(862)に慈覚大師によって開山され、天台宗の修験道場として栄えた。
所在地／青森県むつ市田名部宇曽利山3-2
TEL 0175-22-3825　map A-1

買い物

●野辺地観光物産PRセンター
JR野辺地駅に隣接し、物産販売コーナー、軽食や休憩コーナーがある。
所在地／青森県上北郡野辺地町字中小中野17-17
TEL 0175-64-9555　map G-2

●道の駅よこはま
横浜町は、菜の花の作付け日本一。レストラン「鮮菜」もある。
所在地／青森県上北郡横浜町字林ノ脇79-12
TEL 0175-78-6687　map D-3

街道の歴史、文化財等の問い合わせ先

●街道について
野辺地町立歴史民俗資料館
TEL 0175-64-9494

●その他
野辺地町観光協会
TEL 0175-64-9555
むつ市観光案内所
TEL 0175-34-9095

E　田名部街道で唯一現存する一里塚。海側に一基残っており、街道の時代を伝えている（むつ市一里小屋）

F　藩制期、陸奥湾から田名部に入港する船は、田名部川の船着き場を利用していた（むつ市田名部町）

G　田名部の代官所跡のそばには、田名部街道の総鎮守として祀られた田名部神社がある（むつ市田名部町）

H　日本三大霊場に数えられる恐山。近世は参詣旅行ブームで賑わった（むつ市田名部）

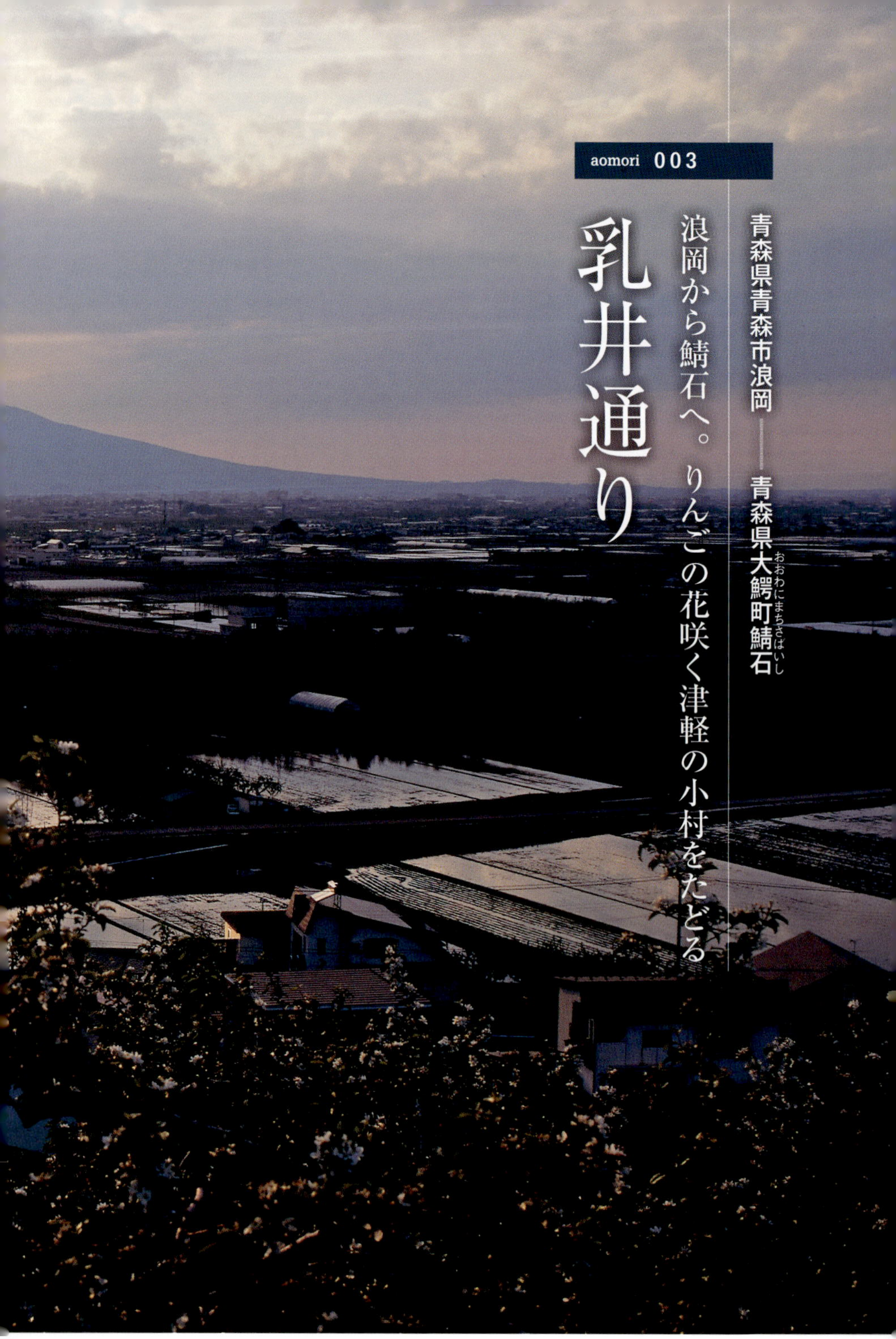

aomori 003

青森県青森市浪岡――青森県大鰐町《おおわにまち》鯖石《さばいし》

浪岡から鯖石へ。りんごの花咲く津軽の小村をたどる

乳井通り

中世時代に築かれたとされる茶臼館跡より、岩木山と弘前の町並みを望む（弘前市乳井）

浪岡の市街を抜けると、青空の下にりんごの花が咲き誇っていた（青森市浪岡北中野）

中世の記憶を抱く浪岡から伝説の乳の井を目指す

5月の連休が終わったばかりの津軽、浪岡に向かった。

近世は、羽州街道の宿場町として栄えた浪岡だが、この地の隆盛はむしろ中世の頃にあった。14世紀当時、浪岡を支配していたのは北畠《きたばたけ》氏で、その勢力は津軽一帯に及んでいた。この栄華は戦国期の津軽氏の侵攻によって終焉を迎えるのだが、浪岡では今も北畠氏が町の誇りだ。

旅の目的となる乳井《にゅうい》通りは、浪岡から南下し、大鰐町の鯖石へと至る道筋となる。いわゆる枝街道だが、浪岡—鯖石間は本筋となる羽州街道よりも距離が短いことから、往来も多かった。

起点の浪岡を出ると迎えてくれたのは満開のりんご畑だった。南に構える岩木山とその足

写真上、鳩の石像が奉納されていたのは本郷の八幡宮。弘前の鳩笛を連想させる（青森市浪岡本郷）　写真右、法然の弟子でこの地に浄土宗を広めた金光上人《こんこうしょうにん》の墓碑（青森市浪岡北中野）　写真左、黒石名物のこみせ。深い庇が、雪と夏の日射しを遮る通路となる（黒石市中町）

元に広がるりんご畑。5月の乳井通りは絵に描いたような津軽らしさにあふれていた。

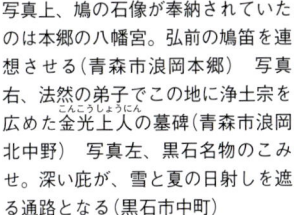

次に現れたのが黒石の町。降る雪のなかでも濡れずに歩けるように庇が連なった「こみせ」で知られる土地だ。また、黒石は祭りの町でも有名。山岳宗教に由来するとされる黒石よされに加え、黒石ねぷたが北国の短い夏を盛り上げる。とくに黒石ねぷたは、青森型の人形ねぷたと弘前型の扇ねぷたが共存する独自のものだという。

「大きな提灯には様々な神秘的な絵が極彩色で描かれている。提灯というよりもむしろ透かし絵である。それを取り囲んでいるのは何百という珍しい形をした扇や鳥、凧、太鼓などの透かし絵であり、何百人もの大人や子供がそれに続き、みな丸い提灯を手にしていた」（『日本奥地紀行』より）と黒石ねぷた

清藤盛美《せいとうもりよし》が、９年の歳月をかけて作庭した盛美園《せいびえん》は、武学流庭園の最高峰ともいわれる（平川市猿賀）

写真上、弘前周辺には鳥居に鬼コを奉ることが多い。どこか可愛らしい八幡宮の鬼コ（平川市平賀）　写真右、乳井通りの名の由来となった乳井神社。この付近に白い水が湧き出す「乳の井」があったそうな（弘前市乳井）　写真左、街道沿いの三島神社で出合った狛犬。石工の性格を想像してしまう（黒石市三島）

のことを綴ったのは、明治の東北を旅したイザベラ・バードだが、彼女の言葉からは、この土地が持つ美しさや神秘さがリアルに伝わってくる。

その後、街道は尾上《おのえ》、平賀など懐かしい風情を持つ町なかを進んだ。沿道には寺社が多く、土地に宿る信仰心を今に伝えていた。遠い時代を生きた人は、鬼や鳩、馬の石像を奉納し、庚申塚を建立することで何を祈ったのだろうか。それとも人間とは祈るものであって、そこに理由など必要ないのだろうか。

平賀の町を過ぎると乳井へと差しかかった。ここにはかつて、「乳の井」と呼ばれる白く甘い水の湧く井戸があり、それが乳井通りと呼ばれるはじまりだという。ここを過ぎると、終点の鯖石はもう目の前である。一日の旅を見守ってくれた岩木山も夕暮れの中に入ろうとしていた。

aomori
003

乳井通り

起点 青森県青森市 ― 終点 青森県大鰐町

羽州街道の宿場町として栄えた弘前藩浪岡を起点とし、現在の黒石よされラインを南下。黒石、平賀に立ち寄りながら、再び、大鰐町の鯖石より羽州街道に合流する。

A 陸奥国司の一族、浪岡北畠家の川原御所跡に立つ碑（青森市浪岡）

B 法然の弟子である金光上人が開基したと伝えられる西光院（青森市浪岡北中野）

C 文化２年（1805）に建立とされる追分石。法峠《ほうとうげ》への道標となっている（黒石市赤坂）

D 街道沿いにある三嶋神社。他の街道と同様、道沿いには寺社が多い（黒石市三島）

散策ガイド

観　光

●浪岡城跡
戦国の豪族北畠氏の居城。ここから発掘された遺物は青森市中世の館に展示されている。
所在地／青森市浪岡大字浪岡字岡田
TEL 0172-62-1020（青森市中世の館）　map A-4

●源常の大銀杏
浪岡城主北畠氏が最初に城を構えた場所との説がある。津軽十三城主藤原秀栄の子が病死した乳母の墓の印として銀杏の枝をさしたのが成長して大木になったとされる。
所在地／青森県青森市浪岡大字北中野字上沢田
TEL 017-761-4796（青森市教育委員会）　map A-4

●黒石陣屋
弘前藩の支藩である黒石藩の居城。現在陣屋跡は黒石市民文化会館の敷地に、馬場跡は御幸公園、藩祖信英の御廟所は黒石神社境内となっている。
所在地／青森県黒石市黒石
TEL 0172-52-2111（黒石市教育委員会文化課）　map C-3

●国指定名勝「盛美園」
武学流の真髄を示した名園といわれ、明治時代の作庭の中でも、京都の無隣庵、青風荘と共に三名園の一つに数えられる。
所在地／青森県平川市猿賀字石林1
TEL 0172-57-2020　map D-3

●猿賀《さるか》公園
岩木山が一望でき、盛美園、清藤氏書院庭園と猿賀神社を結ぶ公園。広大な敷地には生け垣迷路、噴水広場や親水広場がある。
所在地／青森県平川市猿賀石林
TEL 0172-44-1111（平川市商工観光課）　map D-3

●ねぶた展示館
高さ11m、横9.2m、奥行き4mの世界一の大きさを誇る扇ねぷたがある。
所在地／青森県平川市柏木町藤山16番地1
TEL 0172-44-1111（平川市商工観光課）　map E-3

買い物

●道の駅なみおか アップルヒル
観光りんご園、ふれあい広場、りんどう（町の花）の丘などがある。
所在地／青森県青森市浪岡大字女鹿沢字野尻2-3
TEL 0172-62-1170　map A-3

●四季の蔵もてなしロマン館
猿賀公園の中にあり、レストランや土産店、展示室がある。
所在地／青森県平川市猿賀石林10-1
TEL 0172-43-5610　map D-3

街道の歴史、文化財等の問い合わせ先

●街道について
青森県教育庁文化財保護課
TEL 017-734-9919
青森県立郷土館
TEL 017-777-1585

●その他
平川市商工観光課
TEL 0172-44-1111

E 弘前藩祖為信《ためのぶ》の孫、信英《のぶふさ》が築いた黒石陣屋跡には立派な碑が立つ（黒石市内町）

F 高木の一里塚。塚はなかったが石碑が残っていた（平川市高木）

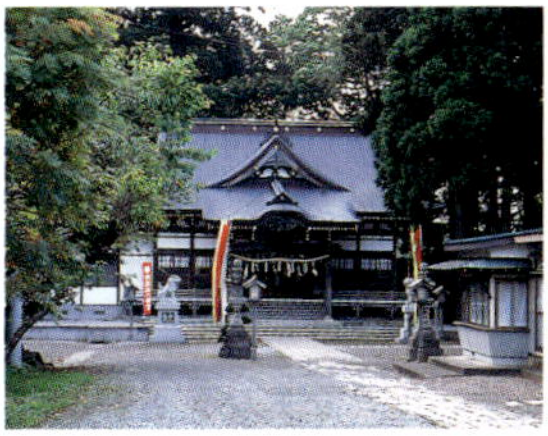

G 蝦夷征伐のため北上した坂上田村麻呂が建立したとされる猿賀《さるか》神社（平川市猿賀）

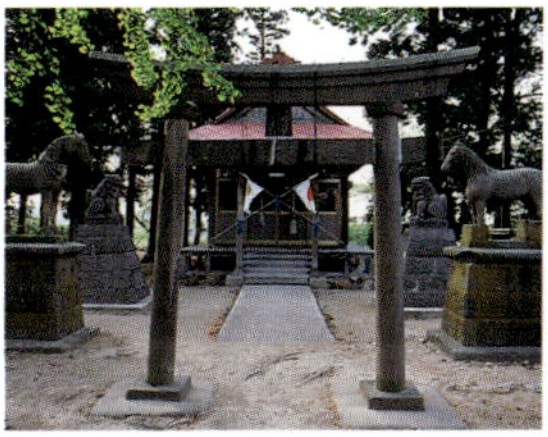

H 八幡館跡付近に立つ八幡宮。村社として古くから信仰を集めてきた。沿道は八幡信仰が深く浸透している（大鰐町八幡館）

初夏の光を浴びる岩木山神社。ここから登山道がはじまり、奥宮は岩木山頂にある（弘前市百沢）

青森県鰺ヶ沢町舞戸町《まいどまち》——青森県弘前市下白銀町《しもしろがねちょう》

aomori 004

津軽四浦、鰺ヶ沢から弘前城下へ

百沢街道

お山、岩木山へ続く信仰の旅路をたどる

津軽四浦のひとつとして栄えた鰺ヶ沢と、弘前城下を結ぶ百《ひゃく》沢《さわ》街道。この街道の大きな特徴は、津軽の信仰の中心的存在である岩木山と、その里宮である岩木山神社への参詣路として、発展したことである。そのため、参詣旅が流行した藩制期には、多くの参詣客でにぎわう道だった。また岩木山神社の門前町となる百沢周辺は名湯で誉れ高い土地で、参詣客のなかにはそのまま湯治客となり、日々の疲れを癒やす者が多かった。ちなみに、明治の廃仏毀釈以前の神仏混淆《こんこう》の時代、岩木山神社は「百沢寺」と呼ばれており、それが街道の名の由来にもなっている。

鰺ヶ沢から旅を始めると最初に現れるのが中村という集落

鰺ヶ沢を背に田園の中を行くと、愛らしい狛犬と出合った（鰺ヶ沢町中村町）

幸福様と呼ばれている石碑群。この地では、幸神なる神様が石に宿るという（鰺ヶ沢町中村町）

だ。藩制時代は石高八百七十石を誇った村で、今も広々とした美田を誇っている。周辺の漁村に比べ、鰺ヶ沢が豊かな土地と評される理由は、豊饒の海の存在に加え、耕地に適した土地も多いからでもある。

この中村から先、岩木山に差し掛かる芦萢《あしやち》までの間、旅を楽しませてくれるのは、点在する寺社だ。中村のお稲荷の狛犬もそうだが、津軽にはなぜかユーモラスな姿かたちの石像が多い。また、この地の信仰で興味深いのは、「幸神」と呼ばれる神様を祀る石碑が多いことだ。この神様は文字通り、「幸い」をもたらす存在で、今も「幸福様」と呼び、両手を合わせる対象なのだという。

芦萢を過ぎると道は急な登りとなり、難路の気配を帯びてくる。岩木山の中腹をたどるため、天候次第では遭難の危険もある

写真上、岩木山南麓の高原地帯を進む。お山を身近に感じる（鰺ヶ沢町松代町《まつだいまち》）　写真右、浜横沢のお稲荷様。優れた石像が多いのも津軽路の特徴だ（鰺ヶ沢町浜横沢町）　写真左、この地で遭難凍死した人の魂を供養するために建立された出世地蔵尊（弘前市常盤野）

道のりだが、その先で待つのは、津軽地方で絶大なる信仰を集める憧れの「お山」、岩木山である。かつて、参詣旅といえば、講中を代表してのことだった。自身の信仰心だけでなく、家族や近隣の祈りまで預かった参詣者たちは、強い気持ちで難所を越えていったに違いない。

旧暦8月朔日《ついたち》のご来光を拝むため、今でも「お山参詣」と呼ばれる行事が行われる。周辺の村々が一団となり、登り旗を手に山頂の奥宮を目指すその光景は、かつての参詣旅が盛んな時代を彷彿とさせる風景だという。参詣者たちがたどる道筋はもちろん、お山へと続く道、百沢街道である。

百沢街道が今という時代に受け継がれた理由。それはいつの時代であっても人の暮らしには欠かすことができない祈りの心を運んできたからなのだろう。

羽黒神社の狛犬は、光と影のなかで誇り高く天を仰いでいた(弘前市宮《みや》地《じ》)

岩木山神社への参詣道となる街道には、藩制時代に植えられた松並木が残る（弘前市百沢）

aomori
004

百沢街道

起点●青森県鰺ヶ沢町……終点●青森県弘前市

鰺ヶ沢を背に、県道3号を南下。百沢寺（現・岩木山神社）のある岩木山の南麓を通り、弘前城下を目指す。

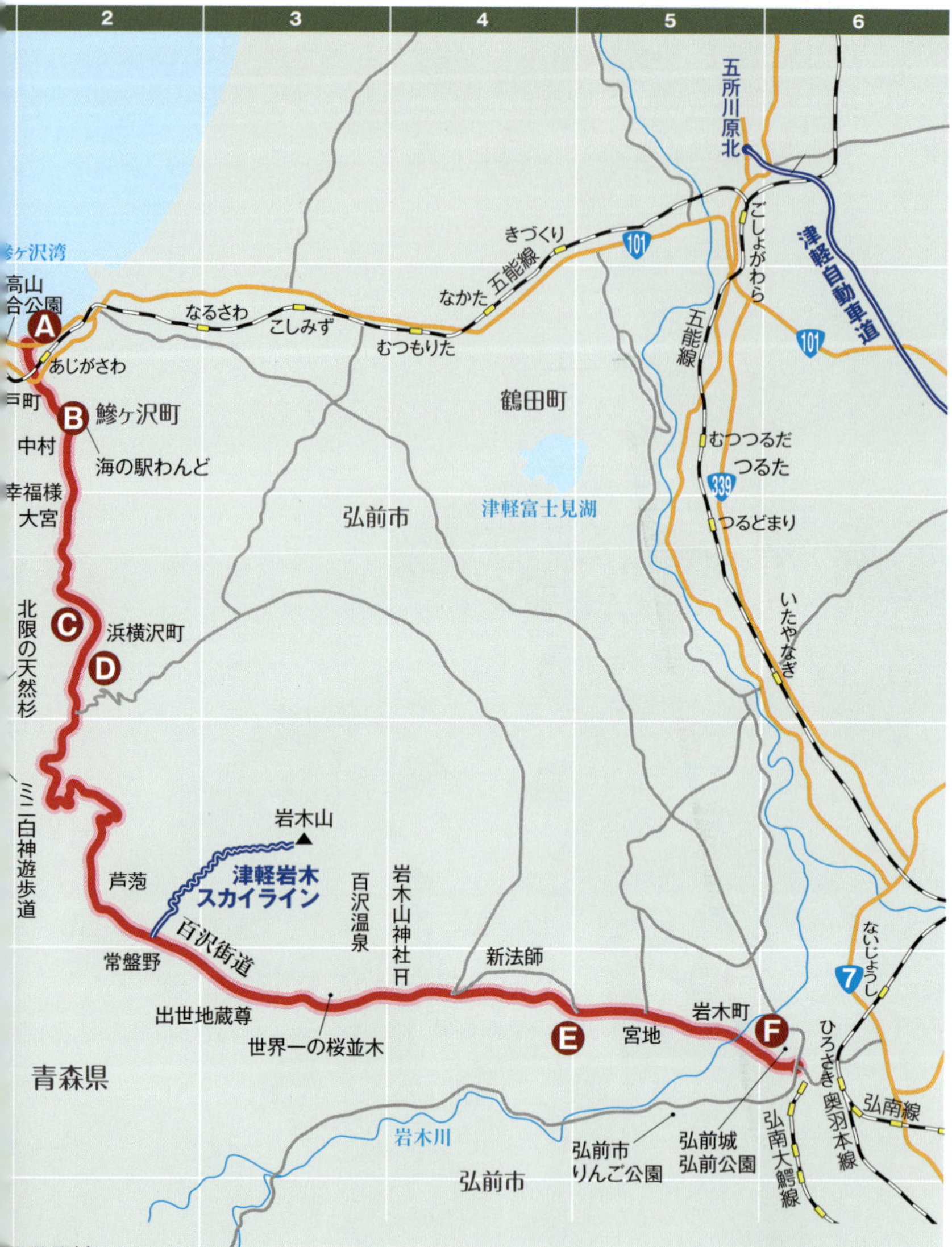

A 津軽四浦のひとつとして北前船交易でにぎわった鰺ヶ沢は現在はイカ漁で知られる（鰺ヶ沢町本町）

B 内陸部の美しい田園の中にある中村の稲荷神社。のんびりとした表情の狛犬が目印（鰺ヶ沢町中村町）

散策ガイド

観　光

●大高山総合公園
野球やソフトボール、サッカーができる多目的運動場や広場。
所在地／青森県西津軽郡鰺ヶ沢町大字舞戸町字西松島 304-2
TEL 0173-72-7002　map B-1

●北限の天然杉
樹齢約 250 年の杉を筆頭に天然更新がなされている北限の杉生育地。
所在地／青森県西津軽郡鰺ヶ沢町矢倉山国有林
TEL 0173-79-2009（ミニ白神くろもり館）　map C-1

●ミニ白神遊歩道
白神山地のミニチュア版ともいえ、樹齢 200 年を超えるブナが多く見られる。総延長 2800 m の遊歩道がある。
所在地／青森県西津軽郡鰺ヶ沢町大字深谷町字矢倉山 1-26
TEL 0173-79-2009（ミニ白神くろもり館）　map D-1

●津軽岩木スカイライン
羽黒温泉郷付近から岩木山の 8 合目まで上る有料自動車道。
所在地／青森県弘前市大字常盤野字黒森 56-2
TEL 0172-83-2314（株式会社岩木スカイライン）　map E-2

●世界一の桜並木
20 km にわたって約 6500 本植樹されている世界一長い桜並木。
所在地／青森県弘前市大字百沢地内～常盤野地内
TEL 0172-83-3000（岩木山観光協会）　map E-3

●弘前公園
弘前城天守や、櫓、城門が当時の姿を今に伝える公園。広さ約 49.2 ha の園内には、ソメイヨシノを中心に約 50 種 2600 本の桜が咲き誇る。
所在地／青森県弘前市下白銀町
TEL 0172-35-3131（弘前観光コンベンション協会）　map E-6

買い物

●海の駅わんど
1 階は鮮魚や水産加工品、農産物直売所、土産を販売。2 階、鰺ヶ沢相撲館。
所在地／青森県西津軽郡鰺ヶ沢町大字本町 246-4
TEL 0173-72-6661　map B-2

●弘前市りんご公園
りんごに関する情報コーナーや軽食・喫茶コーナー、物販コーナーなどがある。
所在地／青森県弘前市大字清水富田字寺沢 125
TEL 0172-36-7439　map E-5

街道の歴史、文化財等の問い合わせ先

●街道について
弘前市教育委員会文化財保護課
TEL 0172-82-1642
青森県立郷土館
TEL 017-777-1585

●その他
鰺ヶ沢町観光協会
TEL 0173-72-5004
弘前観光コンベンション協会
TEL 0172-35-3131

C 香取神社の参道に立つ地蔵尊。地蔵信仰が盛んな津軽らしく沿道には地蔵様が多い（鰺ヶ沢町浜横沢町）

D 浜横沢の稲荷神社は杉木立のなかに立っていた。ここから先、岩木山への登り道となる（鰺ヶ沢町浜横沢町）

E 岩木山神社に並び羽黒神社も多くの信仰を集める（弘前市宮地）

F 百沢街道の終点は、弘前城の立派な大手門となる（弘前市下白銀町）

大間越の春日祭り。御番所が設けられていた土地だけに伝統行事が盛んだ（深浦町大間越）

aomori 005

西浜街道

西津軽の海辺道を北へ。津軽路の旅がはじまる

青森県深浦町大《おお》間《ま》越《ごし》——青森県鰺ヶ沢町本町

北前船がもたらした文化の賑わいを聞く

青森と秋田の県境、須郷岬に立つと、北に延びる岩礁帯を白波が洗っていた。ここが今もなお、辺境の気配を漂わせる津軽路の入り口である。

西浜街道の起点は、羽州街道との分岐点である秋田県三種町の金光寺となっている。しかし、西浜街道の呼称にふさわしい風景は、弘前藩の入り口となる須郷岬から始まっている。左手に圧倒的な美しさで広がる西津軽の海を望み、北の鰺ヶ沢を目指す旅路はこの地で実感できる。

津軽家の参勤交代路としても利用された西浜街道だが、この街道の発展に大きく関わったのが北前船だろう。

大阪を春彼岸の頃に出航し、瀬戸内海の各地で商品を積み込

み、下関から日本海へ出て、土地土地で交易を続けながら、遥か先の野辺地や蝦夷地へと向かう北前船は、西津軽のこの地にも賑わいをもたらした。

鯵ヶ沢、深浦はともに「津軽四浦」と讃えられた良湊でもあるが、大きく日本海に突きだした艫作崎《へなしざき》に守られた深浦は、津軽第一の風待ち湊として、重要な意味を持っていた。当時の船は弁財船《べざいせん》と呼ばれるもので、大型化した船体には大量の荷を積むことができた。しかし当然、動力はなく風任せの航行だったため「板子一枚下は地獄」と恐れられた。松前まで25里、男鹿までは35里の地点にあった深浦は、沖乗りの中継港として栄え、湊は商人たちで賑わっていた。

一説には、深浦の旧家の7割が北前船で富をなした越前、越中、越後からの移住者だというが、湊周辺には、商人たちの蔵も

樹齢 700 年の甕杉《かめすぎ》が見守る関の古碑群には中世期の板碑が数十基並ぶ（深浦町関）

写真上、西浜街道は、世界自然遺産の白神山地を望みながら進む旅路でもある（深浦町沢辺）　写真右、北前船の風待ち湊と呼ばれた深浦の円覚寺は、津軽三十三観音の札所となっている（深浦町深浦）　写真左、街道脇で見つけた地蔵堂。ここは、地蔵信仰の色が濃い津軽路である（深浦町風合瀬《かそせ》）

ずらりと軒を連ねていたという。

さて、現代の旅にもどろう。西浜街道の旅の楽しさは、小さな漁村を訪ね歩くことだろうか。関所が設けられていた大間越を過ぎると、松神《まつかみ》、岩崎、沢《さわ》辺《べ》など海に寄り添う村々が現れる。聞くところによると、これらの村々の言葉や行事、郷土食に上方の香りを感じられるという。

たとえば大間越には、春日祭りや獅子舞など、土地伝来の郷土芸能が息づいているが、そのどこか風流な所作には、もしかしたら、海の向こうから伝えられたものもあるかもしれない。

深浦を過ぎ、さらに北に向かうと参勤交代の折には歴代藩主も立ち寄った名勝・千畳敷《せんじょうじき》が現れる。ここまで来ると鰺ヶ沢も目と鼻の先。しかし、西津軽の大地の広がりはここからが本番だと土地の人が言う。津軽路は美しくも果てしない。

この土地の暮らしは海と共にある。6月の春日祭りは、海に村の災いを流す行事だ(深浦町大間越)

aomori
005

西浜街道

起点●青森県深浦町——終点●青森県鰺ヶ沢町

秋田と青森の県境を起点として北上する海辺道。藩制時代、北前船の寄港地・深浦を通過し、鰺ヶ沢へと至る。西津軽の海の美しさを楽しむ旅路だ。

Ⓐ 県境の須郷岬を越えると、美しい海岸線の向こうに深浦の艫作崎が見えてくる（深浦町大間越）

Ⓑ 弁天島を望む岩崎港では、鮭漁から帰ってくる漁船を待つ人の姿があった（深浦町岩崎）

散策ガイド

観　光

●白神山地
青森県の南西部から秋田県北西部にかけて、人の手が加えられていないブナの原生林からなる地域。平成5年(1993)世界遺産登録。
所在地／青森県中津軽郡西目屋村田代字神田61-1
TEL 0172-85-2810(白神山地ビジターセンター)　map E-4

●十二湖
白神山地に隣接する観光地。大崩山山頂から眺めると12の湖が見えることから名づけられた。
所在地／青森県西津軽郡深浦町松神山国有林
TEL 0173-74-2111(深浦町役場観光課)　map D-3

●十二湖エコ・ミュージアムセンター湖郷館
津軽国定公園十二湖と世界自然遺産白神山地に関するハイビジョン映像やジオラマを展示。
所在地／青森県西津軽郡深浦町大字松神字松神山1-3
TEL 0173-77-3113　map D-2

●太宰の宿「ふかうら文学館」
太宰治、大町桂月、成田千空の3人の作家をメイン展示とし、深浦にゆかりのある文人たちも紹介。
所在地／青森県西津軽郡深浦町深浦字浜町134
TEL 0173-84-1070　map D-2

●深浦町歴史民俗資料館・美術館
歴史民俗資料館では古代から現代までの深浦町の歴史を紹介。併設する美術館には青森県出身や県内で活躍する作家の作品を展示。
所在地／青森県深浦町大字深浦字苗代沢80-1
TEL 0173-74-3882　map C-2

●光信公の館(種里城跡)
弘前藩の初代藩主である津軽為信の高祖父・光信が築いた城跡、国史跡「種里城跡」に建てられ、弘前藩に関する史料や鰺ヶ沢町の歴史資料を多数展示。
所在地／青森県鰺ヶ沢町大字種里町字大柳90
TEL 0173-79-2535　map C-4

買い物

●道の駅はちもり
世界自然遺産の白神山地に源を発する“お殿水”と呼ばれる湧水がある。
所在地／秋田県山本郡八峰町八森字乙の水72-4
TEL 0185-78-2300　map F-2

**●道の駅ふかうら
かそせいか焼き村**
とれたての魚介類、地元産の新鮮野菜のほか、名物のいか焼きがある。
所在地／青森県西津軽郡深浦町大字風合瀬字上砂子川144-1
TEL 0173-76-3660　map B-3

街道の歴史、文化財等の問い合わせ先

●街道について
青森県立郷土館
TEL 017-777-1585

●その他
深浦町観光課
TEL 0173-74-2111

C 深浦を望む高台に設けられた御仮屋は、津軽寧親《やすちか》公のお気に入りだったという。大間越にも御仮屋跡がある（深浦町深浦）

D 行合崎《ゆきあいざき》は、南と北からの風が行き合う場所とされている。夏場は花が咲き、光と風が美しい岬だ（深浦町深浦）

E 天保14年（1843）に立てられた北金ヶ沢《きたかねがさわ》の追分石。左は深浦通りとある。左に行くと千畳敷へと至る（深浦町北金ヶ沢）

F 鰺ヶ沢の海沿いには、街道の名残を伝える町並みが続く。漁師町、釣町など旧町名も残る（鰺ヶ沢町新町）

岩手の街道

岩手の街道で中心的存在となるのは東北を縦に貫く奥州道中だろう。その道筋は、江戸と陸奥国を結び、五街道のひとつとして数えられた。本書では、枝街道を中心に紹介したために掲載できなかったが、街道史における重要度は高い。ただ、開発が著しいため、旧道らしさという部分ではやや寂しくもある。現在、旧道らしさを残すのは、盛岡の北、岩手郡岩手町から二戸郡一戸宿までの約9km間ほどとされ、国の史跡にも指定されている。奥州道中歩きを楽しみたい人にはおすすめだ。

また、県南の平泉も街道風情が感じられる場所だ。奥州藤原時代は、奥州道中ではなく、奥大道が、白河関と外ヶ浜（陸奥湾）を結んでいた。この奥大道には一町（約108ｍ）ごとに金色の阿弥陀像を図絵した傘卒塔婆が立てられ、その中心に配されたのが平泉の中尊寺だという。奥大道の道筋は、基本的には奥州道中とは異なるものだが、東北世界を貫く一本の道筋としては、同じ役割を持っていたといえる。

藩制時代の佇まいを伝える街道が多いなか、ここ平泉だけは大きくその趣きが異なる。周辺には藤原時代の史跡が数多く残り、旅の風景は藤原氏が栄華を築いた平安の世へと遡る。極楽浄土をこの世に出現させようとした藤原四代、激動の時代に翻弄された源義経…。そのとき、街道は、まるで歴史の絵巻物のようでもある。

北の大河北上川沿いに藤原氏が造営した平泉。かつての奥大道が走っていた場所に咲くのは、４代藤原泰衡の首桶に入っていた種から開花したという蓮の花だ（平泉町平泉）

iwate 006

岩手県八幡平市曲田《まがた》——岩手県二戸市福岡

鹿角街道と奥州道中を結ぶ古刹と漆の道

浄法寺街道

男《お》神《がみ》岩《いわ》の展望台より奥州道中から分岐する浄法寺街道を眺める（二戸市石切所）

浄法寺の森で、この地の伝統手仕事である漆掻きの職人と出会った(二戸市浄法寺町)

写真右、安比上野《うわの》に残る旧道付近からは、秋を迎えつつある似鳥《にたどり》の田園の様子が見て取れた（二戸市似鳥）
写真左、浄法寺の町並み。漆の生産で発展したほか、古刹・天台寺の門前町としても賑わった（二戸市浄法寺町）

土地の信仰を集めた天台寺と、暮らしを支えた浄法寺漆

浄法寺街道の起点は、鹿角街道曲田。盛岡を起点としてここから西へと向かう鹿角街道と枝分かれし、安比川沿いを北に進む。終点は二戸市の福岡。ここで東北を南北に貫く奥州道中に合流する。奥州道中福岡と鹿角街道の安代を結ぶ最短路となる。

安代を背にしばらく進むと現れるのが浄法寺町だ。中世期は浄法寺氏の拠点として栄えたが、この町の中心は、今も昔も変わらず「御山《おやま》」天台寺にある。

桂の巨木から湧きだす水が信仰の源とされる天台寺は、奈良時代の創建と伝えられ、古より信者たちの拠り所として永い時を歩んできた。かつては結婚式やお見合いが行われるなど、寺の枠を越えて、土地の生活に馴染んでいたという。

浄法寺の町をさらに北上すると漆沢《うるしざわ》と呼ばれる土地にたどりつく。土地固有の姿を表すものが地名だとするとこれほど浄法寺らしい地名はないだろう。

その昔から浄法寺周辺は漆の生産地として知られてきた。この土地での漆の利用については、縄文期よりすでに始まっていたとされているが、浄法寺の漆生産が本格化したのは藩制期のこと。盛岡藩は、浄法寺漆の生産を奨励し、漆木の育成などに力を注いだ。当時、浄法寺では、漆掻きのほかにも、塗り、木地挽きといった漆器制作に関わる職人たちでにぎわっていたという。

現在、かつてほどのにぎわいはないとしても浄法寺は漆の里として健在だ。熟練の漆掻き職人の手によって採集された浄法寺産の漆は、日本のみならず世界に誇るべき逸品と評され、漆

旧暦の１月６日、似鳥の八幡神社では、農作物の作柄を占う「サイトギ」が行われる(二戸市似鳥)

写真上、奥州糠部《ぬかのぶ》三十三観音の二番札所。岩に架けられたお堂は、神秘的な佇まいを宿していた（二戸市福岡）　写真下、豊臣軍によって落城した九戸政実《くのへまさざね》の九戸城。建造物は存在しないが、その跡地には今も強固な石垣が残る（二戸市福岡）

古の時代より「御山」と呼ばれ信仰を集めてきた天台寺では、たくさんのお地蔵様がほほ笑んでいた（二戸市浄法寺町）

器や工芸品のほか、重要文化財の修復などにも利用されている。近年は安価な中国産漆も出回っているが、「辺」と呼ばれる傷を幹に一本一本刻み、丁寧にかき採る浄法寺漆の品質には遠く及ばないという。

初夏から秋まで浄法寺の山では今も「掻き子」と呼ばれる漆掻き職人の姿が見られる。森を渡り歩き、カンナと呼ばれる専用の道具で漆木の幹を傷つけることで暮らしの糧を得る掻き子の存在は、風土に抱かれて生きる人間本来の姿を伝えるようでもある。

漆沢を過ぎてしばらく進むと、両脇の並んでいた山々が少しずつ遠のいていく。それが合図となって現れるのが二戸の石切所《いしきりどころ》の町並みだ。奥州道中の福岡宿はその先にあり、古刹と漆の旅路はそこで東北の大動脈へと溶け込んでいく。

浄法寺街道

起点●岩手県八幡平市 —— 終点●岩手県二戸市

鹿角街道との分岐点となる八幡平市曲田を起点とし、県道6号に沿って、二戸市福岡を目指す。安比川沿いののどかな田園風景を楽しむ旅路だ。

A 中世浄法寺館の主の乳母を葬ったと伝えられる宝篋印塔《ほうきょういんとう》が畑の中に立っていた（二戸市浄法寺町）

B 奈良時代の創建と伝えられる天台寺。古代、この天台寺が仏教文化を一帯に伝えた（二戸市浄法寺町）

散策ガイド

観　光

●不動の滝

「日本の滝百選」「岩手の名水二十選」に認定されている。高さ15ｍの滝が白い飛沫を上げて垂直に流れ落ちる。滝の中程には石彫不動明王が安置されている。
所在地／岩手県八幡平市高畑
TEL 0195-78-3500（八幡平市観光協会）　map E-2

●稲庭高原

稲庭岳のすそ野に広がる草原で登山口から頂上までは歩いて40分。山頂からは、岩手山から八甲田連峰まで一望できる。山の中腹には稲庭山荘とキャンプ場がある。
所在地／岩手県二戸市浄法寺町
TEL 0195-38-2211（浄法寺町観光協会）　map C-2

●岩誦坊《がんしょうぼう》

稲庭岳の中腹から湧き出す名水「岩誦坊」は、年間を通して水温が摂氏７度前後と冷たく、ミネラルも豊富。県内外から水を求めて人が訪れる。
所在地／岩手県二戸市浄法寺町
TEL 0195-38-2211（浄法寺町観光協会）　map C-2

●滴生舎

二戸市浄法寺町は国産漆の約80％を生産し、その「浄法寺漆」を使った漆器、漆工芸品の展示販売をしている。工房見学、漆絵付け体験教室も行っている。
所在地／岩手県二戸市浄法寺町御山中前田23-6
TEL 0195-38-2511　map C-4

●馬仙峡

二戸市の南に位置し、馬淵川の清流を挟んでそびえ立つ景勝地。標高 250ｍの馬仙峡展望台がある。
所在地／岩手県二戸市石切所
TEL 0195-23-3641（二戸市観光協会）　map B-6

●九戸城跡

九戸城は九戸政実の居城で、三方を川に囲まれた平山城。「九戸政実の乱」の合戦場となった場所で、中世城郭の遺構を残す城跡。
所在地／岩手県二戸市福岡字城ノ内字松ノ丸
TEL 0195-23-7210（二戸市商工観光課）　map B-6

買い物

●なにゃーと物産センター

二戸駅に隣接した二戸広域観光物産センターにあり、広域19市町村の特産品を販売している。
所在地／岩手県二戸市石切所字森合68　シオペアメッセなにゃーと１Ｆ
TEL 0195-22-4395　map B-5

街道の歴史、文化財等の問い合わせ先

●街道について
二戸市立二戸歴史民俗資料館
TEL 0195-23-9120
浄法寺歴史民俗資料館
TEL 0195-38-3464

●その他
二戸市観光協会
TEL 0195-23-3641

C 安比上野の旧道跡。付近には、「左ハ福岡道」「右ハ大簗道《おおやなみち》」と記された道標もある（二戸市似鳥）

D 安比上野の旧道から県道６号に戻ると、鳳林寺に辿りつく。門前には地蔵とともに多くの古碑が並ぶ（二戸市似鳥）

E 石切所の追分。ここまで来れば、福岡宿は目と鼻の先。かつての旅人もほっとしたことだろう（二戸市石切所）

F 奥州道中・福岡宿に残る追分石。「右もりおか」、「左白とり」と記されている（二戸市福岡）

iwate 007

岩手県岩手町沼宮内 —— 岩手県久慈市宇部町

牛たちとともに北上高地を越える塩の道

久慈・野田街道

塩の運搬に活躍した南部牛の血を引く短角牛。今もその北上高地に拓かれた牧場で暮らしている（久慈市山形町日野沢）

風のざわめきに、街道を旅した牛方たちの歌声を聞く

「江《え》刈《かり》葛巻《くずまき》牛方の出どこ／いつも春出て秋もどる／よいもんだよ牛方の旅は／七日七夜の長の夜／コラサンサエー」

　藩制時代、沿岸の野田では、数多くの塩釜が設置され、直煮《ちょくしゃ》製塩が盛んに行われていた。野田塩と呼ばれたこれらの塩を牛の背に載せ、内陸を目指した牛方たちが口にした歌。それがこの南部牛方節であり、人と牛がたどった道が通称「塩の道」、久慈・野田街道だった。

　出発点は、奥州道中沼宮内。その道筋は、北上する大動脈から東へと分岐し、葛巻、平庭峠、関（ここから角掛《つのかけ》峠を越えて、久慈に行くルートもあった）、宇部を経て野田の海へと至る。しかし、この道を行く旅人の意

識に海は簡単に現れなかっただろう。道の先は北上高地の山また山。山懐に潜り込むといった表現がふさわしい道のりである。藩制時代から明治まで約300年間にわたって、この塩の道が利用されたが、いくつもの峠を越える難路ゆえ、専門の牛方稼業が発達したのだろう。塩を内陸へと運んだ際、一升につき少なくとも玄米一升が相場で、場合によってはその倍にも及んだという。峠越えの苦労は果てしないものだったが、見返りもまた相当なものだったようだ。

　さて、旅に戻ろう。黒森峠の先にある葛巻宿で一休みした後、一気に平庭峠へと向かう。ここから先は、旧道の名残を各所で見ることができるのだが、まず現れたのがブナの森に走る旧道と、平庭峠の頂上にある「べこ泊まり」だ。「べこ泊まり」とは、その名の通り、ベコと共

山根集落で受け継がれる山根神楽。お神楽の囃子が静かな山里に響き渡る（久慈市山根町）

写真上、黒森峠を越えてしばらく行くと現れる葛巻宿。峠越えの苦労が報われる風景（葛巻町葛巻）　写真右、宇部川に架かる和野橋。この橋のたもとに野田通代官所と藩の御蔵が設けられていた（久慈市宇部町）　写真左、中世、葛巻を支配した葛巻氏が創建したと伝えられる宝積寺《ほうしゃくじ》（葛巻町葛巻）

に野営した場所で、今も樋で引かれた水場からは、清水が音を立てて流れていた。かつて、牛方たちは一人につき、7、8頭の牛を扱ったという。この一群を「ひとはずな」と呼ぶのだが、野営する際には、ひとはずなの牛を車座にして座らせ、牛方はその真ん中で眠ったという。当時の闇は今よりもはるかに濃厚で、魑魅魍魎も跋扈《ばっこ》していたに違いない。闇に恐れながらも、牛の体温に安らぎを感じながら眠る牛方たちはどのような夢を見ていたのだろう。

　平庭峠を下っていくと、何度か視界が開けた。その先にあるのは連なる波のようにして立ち並ぶ山々だった。地図を見ると、塩の道は、その山襞を縫いながら、海に向かって進んでいた。風に揺れる木々のざわめきが、遥かなる山々を越えて歌われた牛方節にも聞こえた。

写真上、平庭峠に残る塩の道（久慈市山形町霜畑《しもはた》）　写真下、久慈へと至る道筋にある五坊観音（久慈市大川目町）

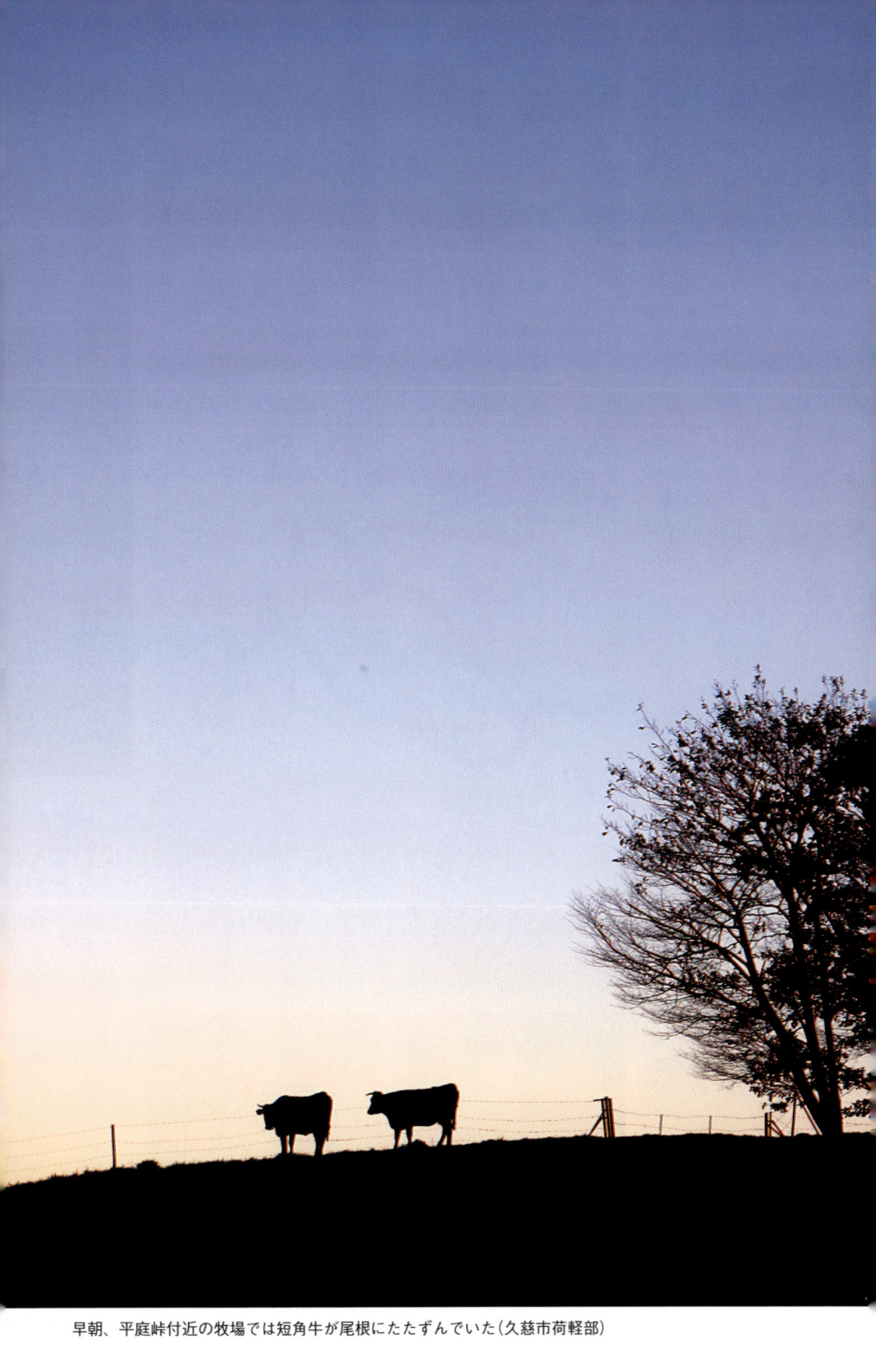

早朝、平庭峠付近の牧場では短角牛が尾根にたたずんでいた（久慈市荷軽部）

iwate
007

久慈・野田街道

起点●岩手県岩手町 ―― 終点●岩手県久慈市

奥州道中沼宮内と三陸浜街道野田と久慈を結ぶ。標高875mの平庭峠は難所として知られ、峠から先は旧道も多く残っている。

B 吉《よし》ヶ《が》沢《さわ》の集落を過ぎると黒森峠に差し掛かる。「難所、二里の間、雪中牛馬不通」と恐れられた（葛巻町葛巻）

C 平庭峠には白樺の純林が広がる。夏場にはやませの霧が立ちこめる場所でもある（久慈市山形町来内）

D 平庭峠を下っていくと、放牧されている牛が寄ってきた。牛の声を聞きながらの旅（久慈市山形町霜畑）

F 海からの場合、野田代官所を過ぎて最初に出合う道標。北上高地の峠越えのはじまりだ（久慈市宇部町）

G 製塩釜が設けられ、塩が作られていたという野田の十府ケ浦海岸。美しい渚が続く（野田村野田）

H 久慈の神明宮。唐獅子は、嘉永2年（1849）と伝えられる。街道の終点ももうすぐだ（久慈市大川目町）

散策ガイド

観　光

●くずまき高原牧場

グリーンツーリズム・酪農教育ファームによる都市部住民との交流をし、牧場体験学習などを受け入れている。

所在地／岩手県岩手郡葛巻町葛巻 40-57-125

TEL 0195-66-0211　map D-2

●袖山高原

標高 1200 m の広大な高原牧場で、岩手山、姫神山など、北上高地や奥羽山脈の山並みが見渡せる。馬淵川の源流や遠別岳《とうべつだけ》、安家森《あっかもり》の登山口、袖山高原風力発電施設がある。

所在地／岩手県岩手郡葛巻町江刈袖山

TEL 0195-66-2111（葛巻町役場）　map C-4

●平庭高原

平庭岳の中腹に広がり、日本最大規模と言われる 30 万本の白樺林とレンゲツツジの群生地で知られる。

所在地／岩手県久慈市山形町平庭高原

TEL 0194-72-2700（平庭山荘）　map C-3

●久慈琥珀博物館

国内唯一の琥珀博物館。久慈地方の琥珀は中生代白亜紀後期の約 8500 万年前のもの。アクセサリー販売のほか、採掘体験や加工品づくりもできる。

所在地／岩手県久慈市小久慈町 19-156-133

TEL 0194-59-3821　map B-5

買い物

●道の駅 石神の丘

石の彫刻美術館併設。春みどりキャベツやアスパラなどの高原野菜や山菜、ラベンダー、ブルーベリーで有名。

所在地／岩手県岩手郡岩手町五日市第 10-121-20

TEL 0195-61-1600　map D-1

街道の歴史、文化財等の問い合わせ先

●その他

久慈市観光物産協会

TEL 0194-66-9200

震災後の街道　2012 年 1 月末現在

今回の震災では久慈、野田ともに大きな被害を受けたわけだが、久慈の場合は港湾部が中心で、街道が通過する本町などの旧市街および終点の宇部町では津波被害はほぼ見られなかった。ただし、この街道の主たる輸送物資であった野田塩の製塩場であった十府ヶ浦海岸は甚大な津波被害をこうむった。

津波被害を受けた十府ヶ浦海岸の様子。防潮堤を破壊した津波により、野田の市街地は広い範囲で壊滅状態となった

Ⓐ 椛ノ木《かばのき》の牛頭天王堂。この脇には一里塚も残る（葛巻町葛巻）

Ⓔ 深い山道を下りていくと出合う山根の町並み。湧水がいくつも点在し、名水の里で知られる（久慈市山根町）

iwate 008

岩手県盛岡市鉈屋町——岩手県遠野市中央通り

内陸と沿岸を結ぶ交通の要衝・遠野への旅

遠野街道

馬の里の今を伝える荒川高原。美しい山並みのなかで草を食む馬たちの姿があった（遠野市附馬牛《つきもうし》町《ちょう》附馬牛《つきもうし》）

風景の美しさは、この地で暮らしを営む人の精神の在りようでもある（遠野市宮守町下宮守）

北上高地の里山を進み、遠野の神秘的な世界に触れる

藩制時代、盛岡城下から三陸沿岸地方へと通じる遠野街道は、藩内の主要道として整備された。その道筋は現在の国道396号とほぼ重複し、起点となる盛岡の鉈屋町から、乙部《おとべ》、大迫《おおはさま》、達曽部《たっそべ》を経て遠野へと至っている。

遠野はいつも近いようで遠い。北上高地の里山をたどる道は難所も少なく、整備も行き届いている。しかし、宮守と遠野郷を分かつ小峠から先、山々の底でひっそりとたたずむ遠野は、別世界といった趣きがある。

遠野のこうした気配はどこから来るのだろうか。『遠野物語』の不条理でミステリアスな世界観によるものだろうか。それとも土地の陰影を思わせるような

写真上、うっすらと雪をかぶった達曽部宿には人通りが見えず、静けさのなかにあった（遠野市宮守町達曽部）　写真右、坂上田村麻呂が蝦夷平定を願い安置したとされる岩谷観音堂の観音様。今も信仰を集める（紫波町佐比内）　写真左、大ヶ生に残る金山の採掘跡（盛岡市大ヶ生）

黒瓦の家が並ぶ光景や、盆地特有の湿度の高い空気感によるものだろうか。捉え難く、遠い遠野。その素顔を探す旅に出た。

盛岡を出て、まず立ち寄ったのは街道を少しそれたところにある大ヶ生《おおがゆう》の里。明治39年（1906）から昭和18年（1943）にかけて、金の採掘が行われた場所だ。ちなみに藩制時代の遠野も金山で栄えた地。奥州藤原氏の時代まで遡ることなく、つい最近までこの地一帯は、「田舎なれども、西も東も金の山」だったのである。

街道に戻り、紫波町佐比内《さひない》の岩谷観音堂、大迫宿を経て、達曽部宿へ。かつてこの宿駅は、「小場なれとも家並立ちつつきてよき村也」と称えられたという。現在も道沿いに土蔵が立ち並び、宿駅風情が色濃く残っていた。

達曽部宿の先で待つ磔《はりつけ》峠、小峠を越え、遠野郷へと入った。

遠野の山中で浮世を見つめる五百羅漢。飢饉の犠牲者を供養するために、彫られたという（遠野市遠野町）

写真上、かっぱ伝説の聖地かっぱ淵（遠野市土淵町《つちぶちちょう》土淵《つちぶち》）　写真右、かっぱ淵で知られる常堅寺《じょうけんじ》から早池峰神社への古参道が延びていた（遠野市土淵町土淵）　写真左、盛岡から遠野まで来ると、ふるさとの山は岩手山から早池峰山へと変わる（遠野市土淵町土淵）

遠野は名所・史跡の宝庫。風土と物語を伝える場所が点在する。猿《さる》ヶ《が》石川《いしがわ》の南岸の山中にある五百羅漢もそのひとつだろう。

藩制期、遠野は度重なる飢饉に見舞われた。多くの村人が餓死する姿に胸を痛めた大慈寺の義山《ぎざん》和尚は、明和2年（1765）より2年の歳月を費やし、山肌にころがる岩に羅漢像を刻み続けたという。その羅漢像を訪ねてみると、多くの羅漢像は苔に覆われ、判別できないものも少なくない。永い時のなかで義山和尚の祈りは昇華し、岩たちは再び万物を司る自然のなかに還ろうとしているのだろうか。

山を下ると現代と過去が入り混じったような遠野城下にたどりついた。ここから街道は、釜石街道へとその名を変え、沿岸の海を目指すという。彼の地の道と海は、どのような物語をつむぐのだろうか。

iwate
008

遠野街道

起点●岩手県盛岡市——終点●岩手県遠野市

盛岡から遠野への道のりは、国道396号に沿って進む。道の先では、北上山地の優しい里山と、大迫、達曽部など、落ち着いたたたずまいの宿駅が旅人を迎えてくれる。

A 盛岡の町を出て現れるのは、近代に入って金採掘で賑わった大ヶ生の里。戦国時代は、大ヶ生氏の拠点だった（盛岡市大ヶ生）

B 県指定文化財の毘沙門天を安置する正音寺《しょうおんじ》では、優しげな表情をしたお地蔵様に出合った（紫波町遠山）

散策ガイド

観　光

●盛岡城跡公園
盛岡城は北上川と中津川の合流点の丘陵につくられた平山城。花崗岩を積み上げた荘重な石垣がほとんど残り、盛岡城跡公園（岩手公園）として親しまれている。
所在地／岩手県盛岡市内丸 1-37
TEL 019-639-9057（盛岡市都市整備部公園みどり課） map B-1

●盛岡八幡宮
県下随一の大社。延宝8年（1680）、第 29 代南部重信公により建立。9月14～16日の例祭には、華麗な風流山車が町中を練り歩き、勇壮な南部流鏑馬が奉納される。
所在地／岩手県盛岡市八幡町 13-1
TEL 019-652-5211 map B-2

●野村胡堂・あらえびす記念館
小説家野村胡堂、音楽評論家あらえびすの数々の作品や執筆資料を総合的に展示。
所在地／岩手県紫波郡紫波町彦部字暮坪 193-1
TEL 019-676-6896 map D-2

●遠野市立博物館
遠野の自然と暮らしや『遠野物語』の世界について、展示や映像などで分かりやすく学べる。
所在地／岩手県遠野市東舘町 3-9
TEL 0198-62-2340 map F-6

●とおの昔話村
柳田國男が宿泊した旧高善旅館を移築保存した「柳翁宿《りゅうおうじゅく》」や、酒蔵を利用し遠野の昔話を紹介している「物語蔵」がある。
所在地／岩手県遠野市中央通り 2-11
TEL 0198-62-7887 map F-6

●遠野ふるさと村
遠野の懐かしい農村を再現した場所。のどかな風景の中で、さまざまな農村体験ができる。
所在地／岩手県遠野市附馬牛町上附馬牛 5-89-1
TEL 0198-64-2300 map F-6

買い物

●道の駅　紫波
地元で生産される果物をはじめ、野菜、花き類、山菜や農産物の加工品がある。
所在地／岩手県紫波郡紫波町遠山字松原 7-8
TEL 019-671-1300 map D-2

●道の駅　遠野風の丘
地元の農産物を展示即売するコーナーや道路案内、生活・農業体験の情報案内コーナーなどがある。
所在地／岩手県遠野市綾織町新里 8-2-1
TEL 0198-62-0888 map F-5

街道の歴史、文化財等の問い合わせ先

●街道について
岩手県立博物館
TEL 019-661-2831

●その他
遠野市観光交流課
TEL 0198-62-2111

C 大迫宿からは、雪をかぶった早池峰山の姿がはっきりと見えた。早池峰山参りは大迫が拠点だった（花巻市大迫町大迫）

D 遠野七観音のひとつ宮守観音。９世紀に慈覚大師が諸国巡業した後に建立したとされる（遠野市宮守町上宮守）

E 遠野城下の町並み。中世の遠野は阿曽沼氏の拠点として栄え、近世に入って、遠野南部家が支配した（遠野市中央通り）

F 遠野から先、沿岸へは大槌と釜石への街道が延びていた。遠野と釜石を分ける仙人峠の東には海があった（遠野市上《かみ》郷町《ごうちょう》細越《ほそごえ》）

iwate 009

岩手県雫石町中町——岩手県西和賀町湯田

沢内街道

雫石郷より西和賀へ。奥羽の山里へと続く旅路

岩手山に見送られながら、街道を南下する。雫石郷には、のびやかな風景が広がる（雫石町南畑《みなみはた》）

雫石郷の神話に耳を傾け、沢内の清らかな風景と出合う

沢内街道の起点は2つある。盛岡城下から向かう場合と秋田街道雫石を起点とするものだ。今回の旅で選んだのは雫石からの道のり。岩手山を背に雫石郷を南下し、山伏峠を越えて沢内へと至る道筋だ。夏から秋へ、移りゆく季節に背中を押されるようにして、雫石の町を出発した。まず現れたのは、雫石川の渡し場だ。この先、街道は雫石郷の田園を進むのだが、目印となるのが男助山《おすけやま》、女助山《めすけやま》という二つの山だ。

どちらも標高は1000m以下。何の変哲もない里山だが、雫石人誕生を伝える山だという。伝説はこう語る。大昔、雫石盆地が洪水で水浸しになった際、男神と女神はそれぞれ別の山へ

と逃げ延びた。その後、水が引くと男神と女神は里に下りて結ばれる。そこで生まれた子供たちが雫石の祖先になった。

「男助山と女助山」。以来、土地の人たちは神が登った二つの山に親しみをこめてこう呼んできた。そして、男助山と女助山のちょうど間を通るのが沢内街道だ。もしかしたら街道の下で二人の神が出会ったのだろうか。

神話の山を過ぎると、現れたのは大村の里だ。伝統を大切にする地域で、厄病祭り（虫まつり）や「山祇神楽《やまづみかぐら》」などの行事・芸能が今も生活の中心にある。とくに毎年、秋祭りの日に産土《うぶすな》神《がみ》の前で披露される山伏系神楽の山祇神楽は、大村に生きる誇りとして伝承されている。

大村を過ぎるといよいよ山伏峠が迫ってくる。冬の場合、山伏峠のこちらと向こうでは大きく世界が異なる。日本海で発生

奥羽山脈に降った雨は大地を潤しながら里を目指す。下前《したまえ》風景林にはいくつもの滝が点在する(西和賀町下前)

写真上、雫石の竜川では、送り盆の夜に舟っこ流しが行われる(雫石町御明神《おみょうじん》) 写真右、和賀岳など、山塊に抱かれた沢内では、街道沿いに田畑が広がる(西和賀町沢内川舟) 写真左、湯治場の鶯宿温泉から長橋峠へと至る途中で出合った山祇神社(雫石町切留)

した雪雲は沢内で奥羽の山にぶつかって、大量の雪を降らせるからだ。大雪は、降り止んでからでは手遅れとなる。雪かきは「降りはじめてから、降り終わるまで払い続ける」というのが、豪雪地、沢内での流儀だ。

峠を越えると沢内らしい風景が広がっていた。西の空の下には胸を張って立つ和賀岳の雄大な姿があり、山々から湧水を集めて流れる和賀川は青々と澄み渡っていた。山間の田では、稲が穂を結び、渡る風は雫石よりもいくぶん涼しげに感じられた。どこにでもあるようでどこにもない。風土の佇まいとはきっとそういうものなのだろう。

街道沿いに多く見られる寺社で道草を食いながら進んでいくと、終点の湯田に着いた。沢内街道は、ここで平和街道と名を変えて、秋田横手を目指すのだという。

初夏、田植えが終わると大村では、厄病祭り（虫まつり）が行われる。奥に見えるのが男助山だ（雫石町南畑）

川舟で見かけた茅葺き民家。長い時を生きてきた古民家は風景に優しさを加える（西和賀町川舟）

A 雫石から街道を南下する。春になると鯉のぼりがかけられる雫石川に着く。この付近が街道の渡し場だった（雫石町根《ね》堀《ほり》）

B 月夜に抱かれるのは、雫石の創生神話を伝える女助山。街道を挟んで、男助山も近くにある（雫石町南畑）

C 大村集落に伝わる山祇神楽。山伏が伝えたとされ、数百年の歴史を持つ。毎年、山祇神社に奉納される（雫石町南畑）

D 沢内街道沿いには、大小、様々な寺社が点在している。川舟の駒形神社は、森のなかに鎮座していた（西和賀町川舟）

沢内街道

起点●岩手県雫石町 ― 終点●岩手県西和賀町

雫石郷を南下し、難所の山伏峠を越えて沢内に至る。沢内から先もひたすら南下し、湯田で秋田横手へと向かう平和街道に合流する。

散策ガイド

観　光

●小岩井農場

岩手県の代表的観光地として知られ、「小岩井農場まきば園」等の施設が一般に開放されている。酪農事業、種鶏事業、たまご事業、山林事業、緑化造園事業などを展開する民間総合農場。

所在地／岩手県岩手郡雫石町丸谷地 36-1

TEL 019-692-4321　map A-4

●盛岡手づくり村

盛岡地域の伝統的な産業等を振興育成することを目的とした「見る」「触れる」「作る」ことのできる複合施設。陶芸、染物、南部せんべい作りなどが体験できる。

所在地／岩手県盛岡市繋字尾入野 64-102

TEL 019-689-2201　map A-4

●鶯宿温泉

鶯宿川の川沿いにあり、開湯から約450年を経た温泉。盛岡の奥座敷として知られ、約2 km にわたって旅館・ホテルが立ち並ぶ。

所在地／岩手県岩手郡雫石町鶯宿 6-25-20

TEL 019-695-2209（鶯宿温泉観光協会）　map B-3

●安ヶ沢カタクリ群生地

西和賀町のカタクリの最も有名な群生地。カタクリの花の開花時期に合わせて「安ヶ沢カタクリまつり」が開催される。

所在地／岩手県和賀郡西和賀町沢内字川舟 39 地割内

TEL 0197-82-3290（西和賀町役場湯田庁舎観光商工課）　map D-2

●ほっとゆだ

JR ほっとゆだ駅舎内にある、ユニークな温泉。列車の待ち時間などに気軽に利用することができる。貸切風呂や休憩室も併設。

所在地／岩手県和賀郡西和賀町川尻 40 地割 53

TEL 0197-82-2911　map G-2

●錦秋湖（湯田ダム）

昭和41年（1966）に完成した湯田ダムによる人口湖。新緑や紅葉の時期は美しい景観を見せる。「ダム湖 100選」認定。

所在地／岩手県和賀郡西和賀町川尻

TEL 0197-82-3290（西和賀町役場湯田庁舎観光商工課）　map G-3

買い物

●道の駅錦秋湖

売店、食堂、公園等整備され、西和賀町内で生産される新鮮な野菜・花き・茸などを販売。

所在地／岩手県和賀郡西和賀町杉名畑 44-264

TEL 0197-84-2990　map G-3

街道の歴史、文化財等の問い合わせ先

●**街道について**

岩手県立博物館

TEL019-661-2831

●**その他**

しずくいし観光協会

TEL 019-692-5138

西和賀町観光協会

TEL 0197-81-1135

E 清流和賀川の景勝地として知られる弁天島付近の流れ。岩場には厳島神社が祀られている（西和賀町沢内猿橋）

F 沢内太田には、玉泉寺《ぎょくせんじ》をはじめ、碧祥寺《へきじょうじ》、浄円寺《じょうえんじ》など、歴史情緒あふれる寺が立ち並ぶ（西和賀町沢内太田）

G 浄円寺のおよね地蔵は、年貢米の代わりとして藩公に差し出した娘「およね」の献身を称える地蔵だという（西和賀町沢内太田）

H 街道沿いに立つ駒形神社の朱の鳥居を過ぎると、沢内街道の終点も近い（西和賀町沢内大野）

iwate 010

気仙沼街道

仙台藩の財政を支えた交易の道

岩手県一関市花泉町金沢

宮城県気仙沼市魚町《さかなまち》

加妻の往還塚の石仏群。杉木立の静寂のなかにあった（一関市川崎町加妻）

春から秋にかけて開かれる千厩のよ市は、宿場町の活気を思い起こさせる（一関市千厩町千厩）

変わりゆく人の世を静かに見つめる路傍の仏様

街道の起点は、一関と石巻を結ぶ石巻街道、金沢《かざわ》宿。ここから東へ進路をとり、気仙沼へと至る道筋が気仙沼街道だ。

この街道の歴史をひもとくことで見えてくるのは、経済交易ルートとしての姿だ。藩制時代、気仙沼は関東方面に向けた東回り海運の港だったため、気仙沼街道を通じて様々な物資の往来があった。当時、仙台藩が力を注いでいた地場産品は葉煙草で、気仙沼までは街道で牛馬で運び、そこからは船に積み替えて移出していた。

また、通過点にある薄衣《うすぎぬ》宿に設けられていた北上川の河港は、仙台・一関両藩の米と塩の集散地としての役割を果たしていた。河港付近は昼夜を問わず、

写真上、金沢宿の西を走る奥州道中には大名たちが利用した有壁本陣がある（栗原市金成有壁《かんなりありかべ》）　写真右、宝持院の八足の楼門（18世紀建立）は、金沢宿の歴史的建造物のひとつだ（一関市花泉町金沢）　写真左、上折壁宿は懐かしい佇まいを持つ（一関市室根町折壁）

物資を積んだひらた舟が往来していたという。海と川、そして陸の道。気仙沼街道では三つの道が交差し、往来する人と物で大いに賑わっていたのである。

　また、折壁にある室根山神社も街道を語る上で重要な場所だ。

　室根山の山頂付近にある室根神社は、養老2年（718）に紀州熊野より勧請された神社で、祀られている熊野神の御神霊は、約5ヵ月の船旅を経て、紀州より運び込まれたという。今から遡ること1300年前、南海、東海、常陸の海を越える船旅とはどういうものだっただろうか。室根神社はこの土地の歴史の深層を静かに物語る。

　しかし、街道旅の喜びはこうした大きな物語に触れることだけではない。路傍に転がる小さな物語にこそ、街道旅の醍醐味があるともいえる。薄衣宿と千《せん》厩《まや》宿を結ぶ三島峠の登り口にあ

室根神社の境内には、安永５年（1776）の建立の三十三観音の姿があった（一関市室根町折壁）

写真上、室根神社へと至る参詣路。歩きだせば、心が鎮まる（一関市室根町折壁）　写真下、気仙沼湾を望む猪狩神社。漁師はここで大漁祈願するという（気仙沼市港町）

霧の中の室根山神社。本宮の金銀の鈴を鳴らすと願いが叶うとされてきた（一関市室根町折壁）

る「加妻の往還塚」は、まさにそんな場所だ。

塚と呼ばれるだけあって、そこは盛土を施した一里塚にも見えた。しかし、塚を登り、鬱蒼とした杉木立のなかに足を踏み入れるとどうだろう。如来様、菩薩様、観音様…、蓮華の台座に鎮座する十九体の美しい石仏が並んでいたのである。

実に見事な石仏群ではあるが、宝暦８年（１７５８）頃、旅の僧がお布施をもとに建立したとしか伝えられていない。確かなことは、人の一生よりも遥かに長い、二百年以上の時をここで過ごしてきたという事実だ。

変わりゆく人の世を見つめ続けた末に、仏様は果たして何を思うのだろうか。また、21世紀を生きる我々は仏様の眼差しから何を感じ取れるのだろうか。答えようのない問いは、海までの間、旅人の心を揺らし続けた。

iwate
010

気仙沼街道

起点●岩手県一関市 ━ 終点●宮城県気仙沼市

金沢宿を起点に東へと向かい、北上川の河港・川崎を通り、千厩、折壁などの宿駅をたどって気仙沼に達する。主に国道284号沿いを進む。

B 河港が設けられていた川崎宿はこの先。旅人は船で渡った（一関市川崎町薄衣）

C 三島峠に至る道筋で出合うのは、樹齢数百年を数える笠松だ（一関市川崎町薄衣）

D 三島峠付近には牛頭神をはじめとする古碑が並んでいた（一関市川崎町薄衣）

F 上折壁宿の町並み。街道沿いにはなまこ壁の漆喰土蔵が点在する（一関市室根町折壁）

G 室根神社の石鳥居。旧暦のうるう年に特別大祭が行われる（一関市室根町折壁）

H 菅江真澄ゆかりの前木不動尊前には古碑が並ぶ。海はもうすぐだ（気仙沼市前木）

散策ガイド

観　光

●世嬉の一酒の民俗文化博物館
大正時代の酒蔵を利用した博物館。昔の農機具や生活用具も展示されているほか、島崎藤村をはじめ一関ゆかりの文学者を紹介する「文学の蔵」も併設。
所在地／岩手県一関市田村町5-42
TEL 0191-21-1144　map B-1

●花と泉の公園
東北最大級の「ぼたん園」と大型ベゴニア観賞温室「れいな de ふろーれす」を中心とした、オールシーズン花とふれあえるテーマパーク。
所在地／岩手県一関市花泉町老松字下宮沢159-1
TEL 0191-82-4066
map D-2

●望洋平キャンプ場
パラグライダー、ハンググライダースクールをはじめ、キャンプ場、森林公園、ふるさと自然公園センターなど遊びの施設がある。
所在地／岩手県一関市室根町折壁字室根山1-177
TEL 0191-64-3701　map B-4

●気仙沼市魚市場
カツオ、サンマ、サメ、メカジキなどは全国屈指の水揚げを誇る。
所在地／宮城県気仙沼市魚市場前8-25
TEL 0226-22-7119（気仙沼市産業部水産課）　map B-6

買い物

●道の駅かわさき
農産物及び地域特産物の直売所、地元の食材を提供するレストラン、ファストフードコーナーがある。
所在地／岩手県一関市川崎町薄衣字法道地42-3
TEL 0191-36-5170　map C-3

街道の歴史、文化財等の問い合わせ先

●街道について
一関市教育委員会教育部生涯学習文化課
TEL 0191-26-0820

震災後の街道　2012年1月末現在

津波と火災により、広範囲にわたって甚大な被害を受けた気仙沼。街道の終点となる旧市街地でもその被害は大きかった。とくに街道終点の八日町より少し海寄りとなる南町や魚町界隈は建物の多くが津波に流されるなど、壊滅的ともいえる被害となった。

①街道の終点となる八日町。浸水などの被害はあったが、津波の流れを食い止める地形だったため、流される家はほとんどなかった②魚町付近は、津波に流された家も多く、更地が目立つ状況となっていた

A 金沢宿は、石巻と一関を結ぶ石巻街道の宿駅でもあった（一関市花泉町金沢）

E 千厩宿にある夫婦石。その威容から信仰を集めていた（一関市千厩町千厩）

秋田の街道

秋田の街道は、羽州街道を主要道とし、内陸と日本海沿岸に大小の街道が延びる。海辺道と奥羽山脈の懐を行く山辺道の風景は全く趣きが異なり、秋田という風土の奥深さを感じさせる。

そしてこれらの街道を旅していて、街道旅の先人として必ず出合う名前は菅江真澄だろう。

宝暦4年（1754）、三河国に生まれたとされる菅江真澄は30歳頃に故郷を離れるや、信州、越後、陸奥、出羽、蝦夷地と各地を見聞しながら長い旅の日々を送った。

この旅の目的は定かではないのだが、真澄は、各地で出合った風俗を記録することに目覚めていく。とくに秋田藩から地誌の依頼を受けたこともあり、秋田という風土にはことさら愛着を持ったようだ。48歳で秋田を再訪してからは、文政12年（1829）仙北郡で推定76歳のその生涯を終えるまで真澄は秋田を出ることなく、秋田という風土を絵と文で記録し続けるのである。

真澄が街道を旅し、風俗を見聞してからすでに200年近い年月が流れた。しかし、現在の街道を歩いてみると、真澄の著書に記された風景や祭りなどの暮らしぶりがそのまま残ることも少なくない。それは、生活文化というもののしたたかさを感じる瞬間であると同時に、風土のなかで生きる意味を知るひとときでもある。秋田の街道旅は真澄の著書が良き案内人となってくれるだろう。

写真上、北国街道にほど近い、秋田市豊岩の小正月行事は、男鹿のなまはげの類型となる「やまはげ」。菅江真澄も男鹿のなまはげを訪ねている（秋田市豊岩豊巻）　写真下、海沿いを走る北国街道の夕暮れ（由利本荘市松ヶ崎）

akita 011

男鹿街道

八郎潟から日本海へと続く海辺道

秋田県秋田市金足追分――秋田県能代市元町

寒風山の頂から眺めるご来光。八郎潟と海を結ぶあたりに街道が走っていた（男鹿市脇本富永《わきもととみなが》）

男鹿半島、寒風山の頂から眺める一本の道筋

　夜明け前の男鹿《おが》半島・寒風山《かんぷうざん》に立った。約355mの頂から眼下を見下ろすと、街明かりが海岸線に沿って弧を描き、海はその脇で黒々と横たわっている。

　夜明けは東の八郎潟《はちろうがた》から始まった。朝日の眩い光を潟が巨大な鏡となって一斉に反射した。海も次第に青味を増し、寄せる白波の姿も浮き上がってきた。

　男鹿半島は、羽州街道から金足追分で分かれ、寒風山の東側を八郎潟に沿って北上し、能代を目指す。朝日が風景の隅々まで行きわたった様子を見て、起点追分へと向かった。

　金足追分から男鹿街道に入ると現れるのが、八郎潟と日本海の狭間で生きてきた天王《てんのう》と船越《ふなこし》だ。近世は漁業のほかに湖上輸

送でも賑わった町で、スサノオ神話を伝える「牛乗り、蜘蛛舞い」という奇祭も残されている。

船越を過ぎ、払戸《ふっと》まで来ると視界が開ける。男鹿街道は40㎞ほどの道のりだが、海辺道となる後半に対し、前半は払戸、渡辺、福川《ふくがわ》、角間崎《かくまざき》、道村、福米沢《ふくめざわ》、野石《のいし》などの小村を抜ける。これらの村々は、その昔から八郎潟とともに半農半漁の生活を営んできた。こうした暮らしを今に伝えるのが紀行家の菅江真澄（1754〜1829）だ。真澄は厳冬期の氷面に穴をあけ、フナやカレイなどの魚を採る「氷下漁《こおりしたりょう》」や、街道沿いの野石集落で見聞した「ナマハゲ」など、街道沿いの村々で出合った習俗を絵と文で記した。今となっては、貴重な記録となる真澄の絵ではあるが、鮮やかな色彩で描き出された真澄の絵からは、見知らぬ土地を見聞す

写真上、船越を過ぎ、払戸に至ると西の空の下に寒風山が座っていた（男鹿市払戸）　写真下、宮沢海岸から能代へと続く海辺道。遠くに見える火力発電所が能代付近だ（男鹿市野石）

写真上、街道沿いで出合った茅葺き民家。真澄が旅した時代を思い起こさせる(男鹿市鵜木《うのき》)　写真右、天王側より船越水道を望む。天王と船越には、スサノオ伝説に由来する祭りが受け継がれている(潟上市天王)　写真左、星辻神社で出合った愛らしい表情の狛犬(男鹿市本内)

ることの驚きと喜びが伝わってくる。故郷の三河ではなく、秋田で逝く真澄だが、その人生に悔いはなかったに違いない。

さて、街道の旅に戻ろう。真澄の足跡をたどりながら集落のなかを進んでいくと、野口集落にたどりついた。ここでほっかむりをした地蔵様に手を合わせ、さらに北上すると潮騒が聞こえてきた。海辺道がはじまる宮沢海岸は海水浴の好適地として知られるが季節外れのためか、静かなたたずまいだった。北を望むと弧を描く海岸線の遥か先に、町らしき建物が立っており、そこが能代ということだった。

男鹿半島はこの先、いくつもの砂丘を越えて延びていたという。街道の記憶は波が消し去り、ほとんどが残っていないそうだ。

夏の終わりの午後、渚では千鳥が遊び、海風は絶え間なく砂の上を走り続けていた。

写真上、鬼が 999 段の石積みをしたという伝説が残る参道　写真下、中世建築である赤神神社《あかがみじんじゃ》五社堂《ごしゃどう》(男鹿市船川港本山門前《ふながわみなとほんざんもんぜん》)

野石の八幡神社で祀られていた氏神様。かつては極彩色で彩られていたのだろう（男鹿市野石）

akita
011

男鹿街道

起点●秋田県秋田市——終点●秋田県能代市

羽州街道との追分を起点に、船越水道を渡り、八郎潟の西側を北上。野石から海岸沿いを進み、能代を目指す。

A 潟と海を結ぶ船越水道。船越と天王集落は、信仰で強い結びつきがある。合同で祭りが開かれる（男鹿市船越）

B 船越の北には水神を祀った八龍神社《はちりゅうじんじゃ》がある。境内には魚類供養塚も見える（男鹿市船越）

C 船越の町を通り過ぎ北に向かうと現れる庚申塚。追分にあるため、道標としても使用されただろう（男鹿市払戸）

D 旧街道の面影をよく残す若美《わがみ》の景観。車通りも少なく、のんびりと歩くことができる（男鹿市角間崎）

散策ガイド

観　光

●秋田県立博物館

考古・歴史・民俗・工芸・生物・地質の6部門と、「菅江真澄資料センター」「秋田の先覚記念室」からなる総合博物館。
所在地／秋田県秋田市金足鳰崎字後山52
TEL 018-873-4121　map G-4

●天王グリーンランド（道の駅てんのう）

360度の大パノラマを見ることができる高さ59.8mの「スカイタワー」を中心に、ピクニック広場、バーベキュー広場、歴史や神話を紹介した伝承館、郷土館などの施設がある。
所在地／秋田県潟上市天王字江川上谷地109-2
TEL 018-878-6588　map F-3

●天王温泉くらら

秋田県内の公共温泉施設では最大級の規模で大浴場、露天風呂をはじめ、低・高温の2種類のサウナ風呂などがある。
所在地／秋田県潟上市天王字江川上谷地109-2
TEL 018-878-9877　map F-3

●寒風山

標高355mで、大半が芝生で覆われたなだらかな山容。展望台からの眺望は東に八郎潟、南北に日本海、鳥海山、西には真山、本山の連峰、入道崎を一望できる。
所在地／秋田県男鹿市脇本富永字寒風山
TEL 0185-25-3055　map E-2

●宮沢海水浴場

1kmの砂浜が続く海岸からは、天候によっては「白神山地」を望むことができる。近くにはオートキャンプ場や温泉、コテージもある。
所在地／秋田県男鹿市野石字大場沢下
TEL 0185-24-9141（男鹿市観光商工課）　map D-2

●能代公園

市街を一望できる能代公園内に、約700本の桜が咲き誇る。
所在地／秋田県能代市清助町25番外
TEL 0185-89-2179（能代市観光振興課）　map B-4

買い物

●食菜館くらら

新鮮な野菜・果実、加工品等を販売する直売所、魚介類を販売する海産物売場、レストランや加工室を備えた施設。
所在地／秋田県潟上市天王字江川上谷地109-2
TEL 018-878-9871　map F-3

街道の歴史、文化財等の問い合わせ先

●街道について

秋田県教育庁生涯学習課文化財保護室
TEL 018-860-5193

●その他

秋田観光コンベンション協会
TEL 018-824-1211

E 真澄も立ち寄ったとされる星辻神社《ほしつじじんじゃ》。境内には古碑が並ぶ。拝殿の向こうは日本海だ（男鹿市本内）

F 野口の八幡神社には多くの庚申塚が並んでいた。庚申の講が盛んに行われた土地だったのだろう（男鹿市野石）

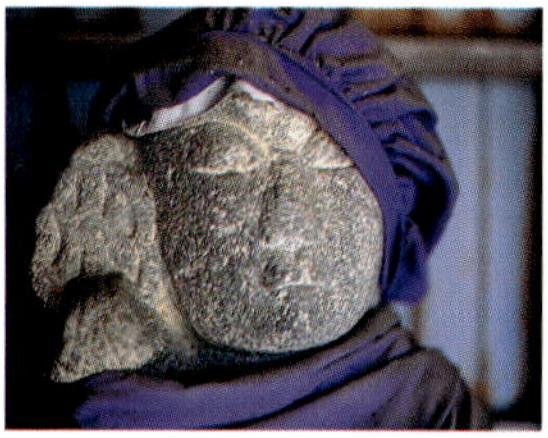

G 野石で出合った石地蔵。野石の集落はこの先で終わり街道は海辺へと向かう（男鹿市野石）

H 宮沢海岸では潮騒とともに海鳥の声が響いていた。能代は20km先。砂浜を歩く旅は天候に左右された（男鹿市野石）

akita 012

鹿角街道

産金・産銅に湧いた時代の物語を今に伝える

岩手県盛岡市材木町―秋田県大館市岩瀬

盛岡の市街地を足速に抜け、七時雨山へ。難所・車之走峠下では、馬が放牧されていた（八幡平市西根寺田）

9世紀に流霞道と呼ばれた峠道はマダ（シナノキ）の大木に守られるようにして伸びていた（八幡平市西根寺田）

写真右、白坂観音堂跡。流霞道の上り口にあり、藤原泰衡が一泊したとの伝説が残る（八幡平市西根寺田）
写真左、一日で七度天気が変わると言い伝えられてきた七時雨山。美しい山容が自慢だ（八幡平市古屋敷《ふるやしき》）

古代、中世の記憶をたどり、泰衡の最期の地に立つ

現在残されている鹿角《かづの》街道は藩制期に整備されたものだが、道筋については大きく時代を遡る。とくに岩手側の難所となる七時雨山《ななしぐれやま》越えとなる車之走峠《くるまのはしりとうげ》あたりの道筋は、「流霞道《りゅうがどう》」とも呼ばれ、古代、中世の陸奥国支配における重要な軍道としての機能を持っていた。記録では元慶2年（878）の元慶《がんぎょう》の乱において、坂上好陰《さかのうえよしかげ》と2000の兵が流霞道を最初に開き、秋田入りしたという。

また、「吾妻鏡《あづまかがみ》」によると、文治5年（1189）、源氏の平泉侵略により、藤原4代泰衡が比内郡贄柵《ひないぐんにえのさく》まで逃亡している。推測だが、泰衡は流霞道を通り、源氏から逃げ延びたのだろう。

そんな中世ロマンを実際に肌で感じるため、盛岡を抜け、田《でん》頭《どう》の旧道に入った。田園の中をまっすぐ延びていく道の先で待ち構えるのが一日に七度天気が変わるという伝説を持つ七時雨山だ。その美しい山容は鹿角街道ランドマークのひとつだ。

寺田《てらだ》を過ぎ、泰衡が一泊したと伝えられる白坂観音堂《しらさかかんのんどう》跡に立ち寄ってから、山に入っていくと、いよいよ流霞道が現れた。一見すると普通の登山道だが、巨大なマダの並木や賽ノ河原などが点在する道筋に漂う空気は重く沈み、登山道のそれとは大きく異なっている。古代から続く歴史の息吹…。そう書けば言い過ぎだろうか。

車之走峠を過ぎると、街道は山肌を下って進み、安代の荒屋《あらや》新町《しんまち》に着く。ここで一息ついたのも束の間、貝梨峠《かいなしとうげ》の難所に差し掛かった。この峠がいわゆる分水嶺。山峡の清水は米代川《よねしろがわ》と

明治25年(1892)に建てられた北鹿《ほくしか》ハリストス正教会聖堂。ビザンチン様式をもとにした独創的な木造建築だ(大館市曲田《まがた》)

なって日本海へと向かう。

貝梨峠を越え、馬継場所としてもにぎわった湯瀬温泉郷を抜けると視界が横に広がった。いよいよ、南部領鹿角郷である。

大日堂舞楽《だいにちどうぶがく》、花輪ばやし、毛《け》馬《ま》内《ない》盆踊りなど、多彩な郷土文化を持つ鹿角郷だが、この地の歴史文化を語るうえで忘れてはならないのが鉱山の存在だろう。

藩制期、南部領内で124ヵ所もの金山開発が行われたとされているが、鉱物資源の宝庫であるこの地では、尾去沢《おさりざわ》を中心に18もの金山が開かれた。とくに鹿角の白根・西道《さいどう》金山は南部領内でも屈指の産出量を誇ったという。藩制初期より始まったこのゴールドラッシュは、約70年間で終焉を迎えるが、同地域の尾去沢鉱山で銅の採掘が本格化するや再び活気づき、一時は日本の産銅の三分の一を占めるに至った。このとき鉱山の繁栄

写真上、花輪にある旧関善酒店《きゅうせきぜんさかてん》は雪国ならではの「こみせ」建築として知られる(鹿角市花輪)　写真右、勇壮な社殿を持つ大日堂霊貴神社《おおほひるめむちじんじゃ》。年始には、大日堂舞楽が披露される(鹿角市八幡平)　写真左、花輪から先の街道には庚申塔や巡礼塚など、多くの石碑が点在している(鹿角市十和田末広)

に貢献したのが、鹿角、濁川《にごりがわ》、来満《らいまん》など、周辺の街道だった。

とはいえ、鉱山史は常に栄枯盛衰。藩制期以降も栄えた尾去沢鉱山も例外ではなく、太平洋戦争前のピーク以後は枯渇への道をたどり、昭和53年(1978)に長い採掘の歴史を閉じるのである。

この、かつての金の道、銅の道をたどり大館に向かった。米代川を渡る前で現れたのは平泉を逃れた泰衡の最期の地と伝えられる仁井田《にいだ》の錦神社である。

家臣を頼り、遥か比内まで逃げ延びたものの、その家臣によって討たれたという泰衡。この悲劇を不憫に思った村人たちが首のない泰衡の遺骸を埋葬したと伝説は語っている。

古代、中世の記憶を伝える流霞道をたどり、最後に出合ったのは人の世のもののあわれを語り継ぐ土地の姿だった。

1300 年にも及ぶ歴史を持つと伝えられる尾去沢鉱山。ここで産出された鉱物が街道の賑わいをつくった（鹿角市尾去沢）

akita
012

鹿角街道

起点●岩手県盛岡市
終点●秋田県大館市

岩手側は、七時雨山や田山など山間を進み、湯瀬温泉を過ぎ、鹿角郷に入る。米代川の流れに沿って平野を進み、羽州街道が走る大館を目指す。

A 田頭、平舘、寺田を過ぎると現れる野口一里塚。車通りも少なく街道風情が残る（八幡平市西根寺田）

B 車之走峠を越えてしばらく進むと七時雨の一里塚が現れる。良好な状態を保っていた。（八幡平市古屋敷）

散策ガイド

観　光

●岩手県立博物館
地質時代から現代にいたる地質・考古・歴史・民俗・生物などの資料が展示され、岩手県の自然と文化が理解できる。
所在地／岩手県盛岡市上田字松屋敷 34 番地
TEL 019-661-2831　map E-6

●石川啄木記念館
直筆の書簡やノート、日誌など貴重な資料を展示している。敷地内には当時の様子を伝える渋民尋常高等小学校、斉藤家が移築してある。
所在地／岩手県盛岡市玉山区渋民字渋民 9
TEL 019-683-2315　map E-6

●岩手山焼走り溶岩流
岩手山の北東の山腹に残る溶岩流の跡。長さ 3 km、幅 1.5 km にわたり見られる。国の特別天然記念物。
所在地／岩手県八幡平市平笠地内
TEL 0195-78-3500（八幡平市観光協会）　map D-5

●田代平高原
七時雨山（標高 1060 m）と田代山（945 m）の間のなだらかに広がる草原地帯。牧草地には茶色の短角牛が放牧され、のどかな牧歌風景も見られる。
所在地／岩手県八幡平市古屋敷
TEL 0195-78-3500（八幡平市観光協会）　map C-6

●湯瀬渓谷
渓谷を流れる米代川上流には湯量が豊富な湯瀬温泉郷がある。深い絶壁の渓谷美が連なりハイキングにも適している。
所在地／秋田県鹿角市八幡平字湯瀬
TEL 0186-23-2019（十和田八幡平市観光物産協会）　map C-4

●史跡尾去沢鉱山
1300 年の歴史と採掘跡を間近に見ることができる銅鉱山史跡で、プレイランドやレストランも併設されている。
所在地／秋田県鹿角市尾去沢字獅子沢 13-5
TEL 0186-22-0123　map B-3

買い物

●道の駅にしね
地元で生産された農畜産物や、町内特産品、みやげ品などを多く取りそろえている。
所在地／岩手県八幡平市大更 2-154-36
TEL 0195-75-0070　map E-6

街道の歴史、文化財等の問い合わせ先

●街道について
岩手県立博物館
TEL 019-661-2831
秋田県教育庁生涯学習課文化財保護室
TEL 018-860-5193

Ⓒ 奇岩連なる湯瀬渓谷。大河米代川も湯治場の湯瀬温泉あたりでは渓流の様相だ（鹿角市八幡平）

Ⓓ 吉祥院に伝わる美女伝説は、1000 年以上の伝統を持つ大日堂舞楽の起こりを伝える（鹿角市八幡平）

Ⓔ 贄柵で首を打たれた藤原泰衡の遺骸が埋葬されたという錦神社。いまも大切に供養されているという（大館市仁井田）

Ⓕ 八幡神社の先で米代川を渡り、岩瀬で羽前、羽後の大動脈である羽州街道に合流する（大館市板沢）

悲哀の伝説を伝える安の滝は深いブナの森から流れ落ちていた（北秋田市阿《あ》仁《に》打当《うっとう》）

秋田県北秋田市阿仁銀山——秋田県仙北市角館町

akita 013

大覚野街道

阿仁鉱山を支えた秋田藩の産業路

阿仁鉱山の食糧運搬に利用された峠道を南進する

マタギの里として広く知られる阿仁《あに》だが、巨大な産業町でもあった。その中心を担っていたのが豊富な鉱物資源だ。

延慶《えんきょう》2年（1309）の金山発見にはじまり、嘉慶《かけい》年間（1387～89）の銀山発見、さらに寛永《かんえい》14年（1637）の銅山発見へと続く阿仁の鉱山史は、藩制時代に入り、絶頂期を迎える。秋田藩が阿仁銅山を藩営とし、本格的な銅の採掘に乗り出したからである。

当時、阿仁銅山の採掘量は日本一で、産出銅は、幕府鋳造の貨幣原料となったほか、長崎から持ち出される輸出品としても大いに活用された。

阿仁と角館を結ぶ大覚野《だいかくの》街道は、産出銅の移出に使われるだ

邪気を払う上桧木内《かみひのきない》神社の仁王様。足元にはいくつもの草鞋が奉納されていた（仙北市西木町上桧木内）

西木町の桧木内川では送り盆の行事が行われていた(仙北市西木町門屋)

けではなく、鉱山運営に不可欠な物資の輸送に使われた。製錬に必要とされる炭や薪が持ち込まれ、1万人はいたとされる鉱山夫の食糧運搬も大覚野街道を通じて行われた。とくに食糧運搬は、この街道の大きな役割で、大量の仙北米が阿仁に持ち込まれた。また、他藩からの商人、鉱山夫も多く、秋田藩は鉱山開発とともに街道の整備に努めた。

　ただし、陸路は重い粗鉱の運搬には適したものではなかった。そこで、眼をつけたのが阿仁川から米代川へといたる舟運である。ただし、この舟運にも落とし穴があった。舟に荷を積んで下ったからには再び、阿仁まで遡上させる必要がある。しかし、山峡を流れる川を遡上することは甚だ困難を極めた。当初は無駄を省くべく、鉱山夫用の米を積んで遡上したが、無謀な行為に等しく、帰路は空荷で

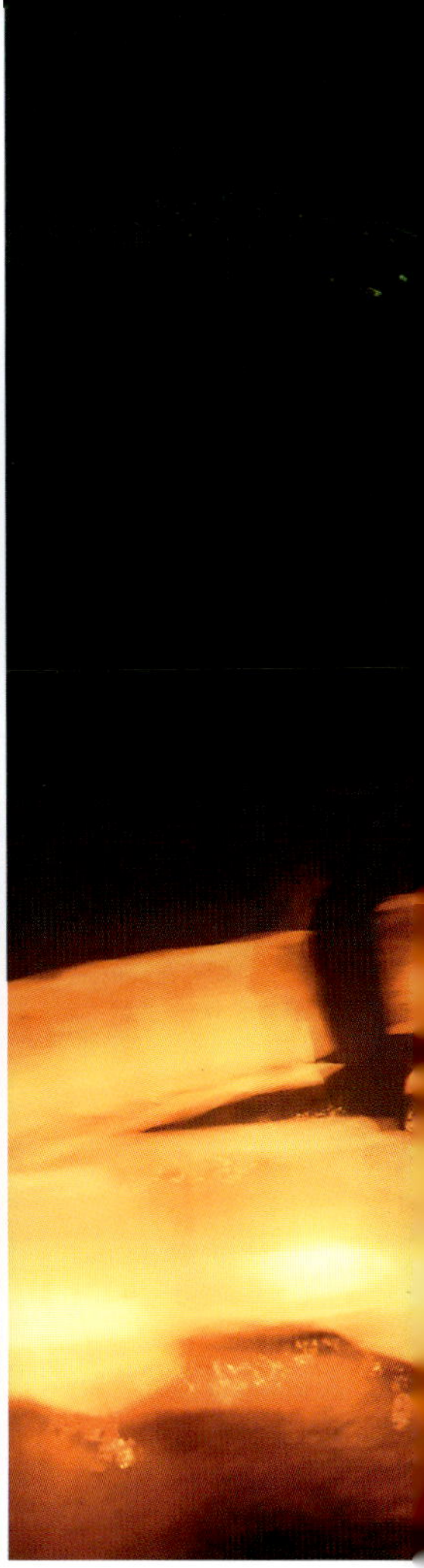

写真上、阿仁比立内《あにひたちない》より大覚野峠を望む（北秋田市阿仁比立内）　写真右、街道の難所・大覚野峠には、赤倉地蔵尊が立つ（北秋田市阿仁比立内）　写真左、阿仁鉱山開発で招へいしたドイツ人技術者用の官舎。明治15年（1882）の建築で県内最古の洋風建築のひとつだ（北秋田市阿仁銀山）

遡上することになった。前述の大覚野街道での仙北米陸運はこの結果だったというわけである。

さて、現在の大覚野街道をたどって阿仁から角館を目指した。阿仁鉱山が完全に閉山したのは昭和53年（1978）。かつてはハイカラで鳴らした阿仁も静けさを取り戻し、穏やかな夏の終わりを迎えていた。

蝉の声を聞きながら、難所の大峠で、赤倉の地蔵様に頭を垂れ、さらに南進した。旧西木村まで来ると、風景は田園に変わり、山峡から出てきたことを知った。そして、出会ったのは、桧木内川での送り盆をする人たちの姿だった。

川の流れは速く、手から離れた灯籠は、少し先の瀬を越えると、すぐに闇に消えていった。

鉱山の歴史は栄枯盛衰。灯籠流しの風景は人の生もまた同じであることを伝えていた。

akita
013

大覚野街道

起点●秋田県北秋田市
終点●秋田県仙北市

秋田藩屈指の産業路としてにぎわった大覚野街道は、現在の国道１０５号とほぼ同じルートをたどる。マタギで有名な阿仁や西木など、奥羽の山村の美しさを感じる道程だ。

A 銅を精錬する際に出たカラミ（スラグ）は、家の土台や石垣などに利用された（北秋田市阿仁銀山）

B 善導寺《ぜんどうじ》に立つ青銅製の大仏様は、銀山を開山した近江商人より寄進された（北秋田市阿仁銀山）

C 阿仁銀山町の入り口には御番所が設けられていた。菅江真澄もここを訪れた（北秋田市阿仁銀山）

D 比立内から打当へ向かう途中にある長畑の地蔵尊。地元の僧の会心の作とされている（北秋田市阿仁長畑）

散策ガイド

観　光

●阿仁異人館・伝承館

異人館は明治時代に建設された洋館で平成2年(1990)国重要文化財指定。伝承館は、鉱山で使用した用具や「根子番楽」(県無形文化財指定)の番楽面などを展示。

所在地／秋田県北秋田市阿仁銀山字下新町41-23

TEL 0186-82-3658　map B-2

●森吉山

山頂からは鳥海山・田沢湖・岩手山・白神山地・男鹿半島・日本海などを望むことができる。「花の百名山」。

所在地／秋田県北秋田市

TEL 0186-75-3188(北秋田市観光案内所四季美館)　map B-3

●打当温泉マタギの湯

大浴場、露天風呂があり、山菜・川魚等の料理が楽しめる。マタギの文化を紹介する資料館を併設している。

所在地／秋田県北秋田市阿仁打当字仙北渡道上ミ67

TEL 0186-84-2612　map C-3

●マタギの里熊牧場

森吉山を望む高台にある熊牧場。ツキノワグマ約100頭を放牧飼育している。

所在地／秋田県北秋田市阿仁打当陣場1-39

TEL 0186-84-2626　map C-3

●立又渓谷

一ノ滝、二ノ滝、幸兵衛滝と続き、落差が300ｍある渓谷で幸兵衛滝の高さは108ｍといわれる。

所在地／秋田県北秋田市阿仁打当

TEL 0186-72-3188(北秋田市観光案内所四季美館)　map C-4

●田沢湖

最大深度は423.4ｍで日本第1位で、周囲約20kmのほぼ円形の湖。湖畔にはホテル、旅館、レストランがある。

所在地／秋田県仙北市田沢湖潟字搓湖

TEL 0187-43-2111(田沢湖観光情報センター「フォレイク」)

map E-4

●角館の町並み

みちのくの小京都と呼ばれ、藩制時代の城下町の様子を今でも残している。文化財や武家屋敷が多く現存し、町全体が貴重な歴史遺産となっている。シダレザクラの名所としても有名。

所在地／秋田県仙北市角館町表町上丁～東勝楽丁

TEL 0187-54-2700(仙北市観光情報センター「角館駅前蔵」)

map G-3

買い物

●道の駅あに

物産販売施設「またたび館」とレストラン「あおしし」があり地元の農産物が楽しめる。

所在地／秋田県北秋田市比立内字家ノ後8番地1外

TEL 0186-69-2575　map C-2

街道の歴史、文化財等の問い合わせ先

●街道について

秋田県教育庁生涯学習課文化財保護室

TEL 018-860-5193

●その他

北秋田市観光協会四季美館

TEL 0186-75-3188

E　上桧木内神社はひっそりとした佇まいを守っていた。山門には仁王像が立つ（仙北市西木町上桧木内）

F　草峠観音堂に飾られていたお面。山の神を表わしているのだろうか（仙北市西木町桧木内）

G　釜杉神社には、蚕の神様が祀られていた。かつては多くの家で養蚕が行われていた（仙北市西木町西明寺）

H　北浦（角館）地方一帯を治めた戸澤氏の居城、門屋城跡が桧木内川《ひのきないがわ》を望む丘にあった(仙北市西木町小山田)

akita 014

角館街道

暮らしの水とともに歩む祈りの旅路

秋田県大仙市大曲中通町 ―― 秋田県仙北市角館町

疎水をたどっていくと現れるのが玉川、岩瀬の渡し。手繰り舟で渡ったという（大仙市上鶯野）

初夏の街道。堰の流れとともに南下する

羽州街道の宿駅でもあった大曲を起点に武家屋敷を目指すのが角館街道だ。本道である羽州街道の脇街道となるが、角館の存在もあり賑わった道でもあった。また、道中にある長野《ながの》は、雄物川《おものがわ》舟運の河港として、北浦（角館）一帯の物資の集積地にもなっていた。そのため、長野の経済力は角館をしのぐほどだったという。

全体の道程としては20km程度。その間、峠越えはなく、平坦で歩きやすい道が続く。街道脇に広がるのは県内随一とされる仙北地方の穀倉地帯だ。

瑞々しい新緑の季節。穏やかな旅になりそうだと起点の大曲を出発した。旧道への入り口となる福田《ふくだ》で、まず最初に出合っ

たのは庚申塔群だ。

庚申信仰とは道教の三戸説《さんしせつ》がもとになっており、そこに日本流の仏教も加味され、商売繁盛、豊作、大漁、家内安全などを成就祈願するようになった民間信仰である。街道に立つ庚申塚は、講中の人たちによるものだが、街道を行き交う人も手を合わせ旅の安全を祈るなど、懐の深い神様として存在していたようだ。

福田から高関上郷《たかぜきかみごう》へと至った街道は、往時の面影を伝えるかのように蛇行しながら進んだ。そしてもうひとつ、面影を伝えるのが街道脇で澄んだ水を運ぶ堰の存在だ。

角館街道とは堰の道でもある。その昔、この地方は水に悩まされた。大雨となれば地域一帯が玉川の氾濫原となり、晴れ間が続くと旱魃となった。そこで生まれたのが玉川疎水、上堰、下堰、四ッ屋用水などである。

曹渓寺の仁王様はユーモラスな表情。このあたりには仁王様と呼ばれる道祖神も多い（大仙市長野）

写真上、岩瀬玉川の渡しの手前には、和助茶屋と呼ばれる茶屋があった。現在は雑貨屋となっていた（大仙市上鶯野）　写真右、水の良さで知られる長野には造り酒屋が軒を連ねていた。現在も水の良さが自慢の町だ（大仙市長野）　写真左、堰とともに進む街道。堰には階段が設けられ、生活用水にも使われている（大仙市高関上郷）

そして、これらは水の流れであると同時に人の道でもあった。大曲から玉川までの街道は堰に沿って整備され、玉川を渡った先の岩瀬では川の堤防を歩いて角館町札場へと至った。道も堰もともにいくつもの時代を越え、今に続くのだ。

流れる水とともに出合ったのは堰の周囲に点在する祈りのかたちだった。四ッ屋では堰沿いに多くの地蔵尊が安置され、鶯野《うぐいすの》の雷堂に納められた青面金《しょうめんこん》剛像《ごうぞう》と風神雷神はいつしかその名をかえ、「水神《すいじん》様」と呼ばれていた。この土地では、地蔵尊や風神雷神も、そして人々も「水」という万象の源を見つめているようにも感じられた。

旅の終わりは玉川の夕暮れだった。川面は眩いほどの夕陽の光を音もなく運んでいた。ここを渡った旅人たちは、どのような思いを運んだのだろうか。

四ッ屋用水の流れ。穀倉地帯仙北を支えたのは、こうした用水の一本一本だった（大仙市四ッ屋）

写真上、「水神様」と呼ばれる雷堂の石像（大仙市鶯野）　写真下、堰に沿っていくつもの地蔵尊が並ぶ（大仙市四ッ屋）

akita
014

角館街道

起点●秋田県大仙市……終点●秋田県仙北市

大曲の市外から北に進路をとり、国道105号と交差しながら、四ッ屋、長野、鶯野など、懐かしの風景を残す町並みを抜ける。角館まで20km程度の道のりだ。

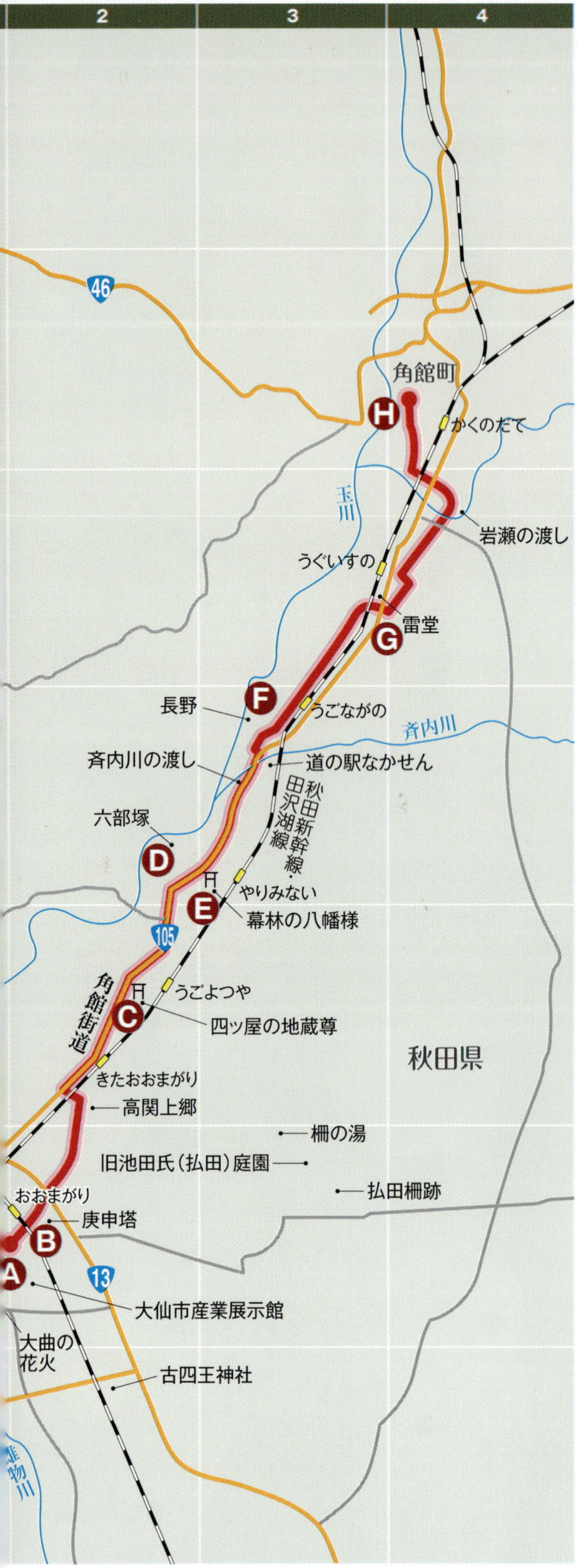

A 大曲の町並み。秋田藩の本陣が置かれるなど、宿駅として栄えた。今は花火の町だ(大仙市大曲通町)

B 福田の庚申塔。庚申塔は道標としての役割を持つことも多く、街道沿いに安置された(大仙市福田)

C 四ッ屋には地蔵尊が点在している。地蔵講が盛んに組まれた土地柄なのだろう(大仙市四ッ屋)

D 地元の人が信仰する六部塚《ろくぶづか》。塚の周辺から念仏鉦《ねんぶつかね》が出土している。何に対する供養が行われたのだろうか(大仙市鑓見内《やりみない》)

散策ガイド

観　光

●大曲の花火（全国花火競技大会）
日本の伝統とその技術の高さを誇り、全国から一流の花火師が集い競う大会。
所在地／秋田県大仙市大曲地区雄物川河川敷運動公園
TEL 0187-62-1262（大曲商工会議所）　map F-1

●古四王神社
豪快な組み合わせ建築と優雅な彫刻が特徴の室町時代の代表的な建築物。国指定重要文化財。
所在地／秋田県大仙市大曲字古四王際
TEL 0187-63-8972（大仙市教育委員会文化財保護課）　map G-2

●大仙市産業展示館「鞠水館」
佐竹家本陣「鞠水館」を平成3年(1991)に旧大曲市産業展示館として再建したもの。
所在地／秋田県大仙市大曲大町7-3
TEL 0187-62-5855　map F-2

●蛭川薬師堂
大同2年(807)坂上田村麻呂が一堂宇を建立して「征夷」を祈願したことが起源とされる。
所在地／秋田県大仙市蛭川字大方寺
TEL 0187-63-1111（大仙市役所観光物産課）　map F-1

●払田柵跡《ほったのさくあと》
奈良時代後期から平安時代の役所跡。延長約60mの角材列等が復元されている。国指定史跡。
所在地／秋田県大仙市払田字仲谷地95
TEL 0187-69-2397　map F-3

●史跡の里交流プラザ「柵の湯」
国指定史跡「払田柵跡」をイメージし，天然温泉を活かしてつくられた保養と研修の交流プラザ。
所在地／秋田県大仙市板見内字一ツ森149
TEL 0187-69-3311　map F-3

●旧池田氏（払田）庭園
東北三大地主と称された池田家の旧払田分家敷地に残る日本庭園。平成20年(2008)国指定名勝。
所在地／秋田県大仙市払田字真山1
TEL 0187-63-8972（大仙市教育委員会文化財保護課）　map F-3

買い物

●道の駅なかせん こめこめプラザ
ドンパン節の里。地元の米を原料とした特産品を製造・販売。
所在地／秋田県大仙市長野字高畑95-1
TEL 0187-56-4515　map D-3

街道の歴史、文化財等の問い合わせ先

●街道について
大仙市教育委員会文化財保護課
TEL 0187-63-8972
仙北市教育委員会文化財課
TEL 0187-43-3384

●その他
仙北市観光情報センター
「角館駅前蔵」
TEL 0187-54-2700

E 幕林の八幡様。菅江真澄が訪れ、神社のスケッチとその由来を記した場所としても知られる（大仙市鑓見内）

F 長野の用水は、奥羽山脈を源とする玉川疎水が利用されており、今も澄んだ水が流れる（大仙市長野）

G 岩瀬の渡しの手前の和助茶屋は雑貨屋となった今も変わらず和助茶屋と呼ばれている（大仙市上鶯野）

H 角館の武家屋敷は、春の桜の時期はもちろんのこと四季折々、それぞれの表情を持つ（仙北市角館）

akita 015

北国街道

海なりを聞きながら鳥海山を目指す

秋田県秋田市旭南 ― 秋田県にかほ市小砂川

鳥海山の清らかな湧水が美しい海と人の暮らしを育んできた（にかほ市象潟町）

海辺の道をずっと南下してきて夕暮れを迎え、太陽を見送る（由利本荘市松ヶ崎）

芭蕉も夢見た象潟。在りし日の風景を思う

正保《しょうほう》年間（１６４４〜１６４８）に記された「出羽国秋田郡久保田城画図」には雄物川を渡って新屋町《あらやまち》へと抜ける一本の道筋を「此道北国街道、舟渡リ広サ百十四間」とある。

いざ彼岸へ。雪解け水で白く濁った悠々たる雄物川を渡った。

酒田街道や羽州浜街道、越後道など、北国街道はいくつもの呼称を持っていた。呼ばれる地域や行先で使い分けられていたわけだが、この道の特徴を一番よく表す名は、「海道」だろう。

律令時代から使われていたというこの呼称は、新屋を過ぎ、中村から下浜まで来ると理解できる。延々と続く海岸線。道筋はひたすら波打ち際を進む。

そして、その先の北国街道は、

写真上、海から少し内に入ると、「お竹さん」と呼ばれる地蔵様に出合った（由利本荘市松ヶ崎）　写真右、久保田城下、八橋《やばせ》の日吉八幡神社。秋田藩の総鎮守は雨にぬれていた（秋田市八幡本町）　写真左、北国街道の入り口となる新屋町。湧水があり、造り酒屋が多い（秋田市新屋元町）

海岸浸食により道の整備すらままならない難所続きだった。砂塵が吹き荒れ、砂に足を取られ、南の象潟《きさかた》では溶岩流による岩礁帯が行く手を阻む。「…歩行するにも足首迄は常に沙に埋もれ、すすめども只退くようにのみ思われ…」と橘南谿《たちばななんけい》が『東遊記《とうゆうき》』で記したとおりの悪路が続いたのだ。とはいえ、ハンドルを握った現代の旅は呑気なもの。西目《にしめ》に入ると空は麗らかに晴れ上がり、気がつけば旅の終盤となる象潟も目と鼻の先だった。

かつて象潟といえば、松島に並ぶ景勝地のひとつだった。名前の通り、潟が広がり、美しいその風景は「八十八潟。九十九森」と称賛された。かの松尾芭蕉も歌枕の地である象潟について「川や山、海や陸の景色を数々見尽くしてきて、今や象潟へと心が駆り立てられる」と綴り、『奥の細道』の目的地のひとつ

芭蕉も訪れた蚶満寺《かんまんじ》。仁寿《にんじゅ》3年(853)の慈覚大師《じかくだいし》の開基と伝えられる古刹では猫が遊んでいた(にかほ市象潟町)

写真上、平沢の海岸沿いには梵字による磨崖仏の「波打不動尊」が祀られていた（にかほ市平沢）　写真右、かつて象潟は九十九島とも呼ばれていた。点在する小山が在りし日の象潟を伝える（にかほ市象潟町）　写真左、象潟の諏訪大社では春の例大祭が開かれていた（にかほ市象潟町）

とするほどだった。

そして、元禄2年（1689）、芭蕉は念願の象潟を訪れ、舟で潟めぐりなどを楽しんでいる。

しかし、その象潟も今では幻だ。文化元年（1804）、6月4日に起こった天変地異は、一夜にして風光明媚な象潟の景色を陸へと変えてしまったのである。自然に翻弄される人の暮らし。それは昔も今も何も変わらない定めなのだろう。

象潟を後にし、終点の三崎山《みさきやま》にたどりついた時には、夕陽が海に沈もうとしていた。急いで旧道と遊歩道を上り下りして展望台に立った。かつて、この三崎山は絶壁を進む悪路として恐れられたというが、今はただ美しい海があるだけだった。振り返ると鳥海山が悠然と佇み、一日の終わりを見送っていた。自然もまた、人と同じ時のなかで旅をしていた。

akita
015

北国街道

起点●秋田県秋田市
——
終点●秋田県にかほ市

久保田城城下から雄物川を渡り、街道の入り口となる新屋町に出る。その先はほぼ海沿いの道をたどりながら南下し、象潟を目指す。

A 雄物新橋の少し下流に渡し場があったという（秋田市新屋《あらや》栗田町《くりたまち》）

B 街道の入り口となる新屋町。雄物川舟運もあり、栄えた町だった。湧水が豊富で造り酒屋も多かった（新屋元町）

C 桂浜から先、街道は海岸沿いを南下した。潮騒を聞く美しい道だが通行には難儀した（秋田市下浜長浜《しもはまながはま》）

D 二古神明社をはじめ、街道沿いの寺社のほとんどは海を望む丘にあった（由利本荘市岩《いわ》城内道川《きうちみちかわ》）

散策ガイド

観　光

●千秋公園
秋田藩主佐竹氏 20 万石の久保田城跡。12 代にわたる藩制時代の歴史資料、史跡を数多く残す。春の桜のほか、ツツジ、サツキ、ボタンなどが咲き、市民散策路として親しまれる。
所在地／秋田県秋田市千秋公園
TEL 018-866-2112（秋田市観光物産課）　map A-3

●桂浜海水浴場
水の透明度も高く、1km にわたる海岸線にハマナスが咲く。遠浅で波も穏やか。
所在地／秋田県秋田市桂浜
TEL 018-828-3759　map B-3

●本荘マリーナ海水浴場
全国有数の広さを誇り、日本の水浴場 88 選にも選定された海水浴場。海のすぐそばに本荘マリーナのオートキャンプ場や、温泉休養施設がある。
所在地／秋田県由利本荘市石脇字田尻
TEL 0184-24-6349（由利本荘市観光協会）　map D-3

●本荘公園
本荘公園は本荘城（鶴舞城）の史跡公園。桜の名所で 4 月中旬〜下旬には桜まつり、5 月中旬〜下旬にはつつじまつりを開催。
所在地／秋田県由利本荘市尾崎
TEL 0184-24-6349（由利本荘市観光協会）　map D-3

●白瀬南極探検隊記念館
日本人による探検史上偉大な足跡を残した白瀬矗《のぶ》中尉の偉業を紹介。
所在地／秋田県にかほ市黒川字岩潟 15-3
TEL 0184-38-3765　map E-2

●三崎公園
約 700 本のソメイヨシノが植えられており、県内で最も早く桜が咲く。秋田・山形両県にまたがり、かつて松尾芭蕉の通った三崎山旧街道がある。
所在地／秋田県にかほ市象潟町小砂川
TEL 0184-43-6608（にかほ市観光協会）　map G-2

買い物

●あきた県産品プラザ
きりたんぽや稲庭うどん、伝統工芸品、地酒のほか新しい開発商品などもある。
所在地／秋田県秋田市中通 2-3-8 アトリオン地下 1 階
TEL 018-836-7830　map A-3

●道の駅にしめ　はまなすの里
物産館は、秋田県内の特産品も数多く取り揃えている。
所在地／秋田県由利本荘市西目町沼田字新道下 1112 番地 2
TEL 0184-33-4260　map D-3

街道の歴史、文化財等の問い合わせ先

●街道について
秋田県教育庁生涯学習課文化財保護室
TEL 018-860-5193
秋田市教育委員会文化振興室
TEL 018-866-2246

●その他
由利本荘市観光協会
TEL 0184-24-6349
にかほ市観光協会
TEL 0184-43-6608

E 由利本庄に入った街道は、由利橋付近の渡し場で子吉橋を渡った（由利本荘市鍛冶町）

F 藩制時代に設けた波よけの石垣。大小の石を巧みに使い、排水溝も設けるなど優れた機能を持つ（にかほ市飛《とび》）

G 蚶満寺の山門はいわゆる八脚門で江戸中期の建立とされている。芭蕉も訪れた古刹だ（にかほ市象潟）

H 街道の終点は県境となる三崎山。タブノキが美しい岬の向こうに夕陽が沈んだ（にかほ市小砂川《こさがわ》）

宮城の街道

宮城県の中心は言うまでもなく藩都、仙台だ。街道も奥州道中が走る仙台を中心とし、県内外各地を結んでいる。

こうした道筋のなかで街道旅を満喫できるのは、山形へと至る街道だろうか。笹谷、関山など奥羽山脈を越えて出羽へと続くその道筋には、笹谷峠の有耶無耶関をはじめ、古代や中世の歴史情緒を漂わせる場所もあり、風土が持つ奥深さを再認識することができる。

また、牡鹿半島を走る金華山道は、他県の街道にはない趣きがある。街道とは、たいていの場合、交易や政治的な必要性から整備に至ったが、この金華山道はある意味、金華山詣のために存在した。

霊場巡りが流行した江戸時代、東北有数の霊場として数えられた金華山には、各地から多くの参詣客が訪れた。さらに近隣には、かの松尾芭蕉もその地に立つことを焦がれたという名勝松島もあり、金華山道は、今でいう観光ルートとして大いに賑わっていたのである。

興味深いのは、金華山道は現代でも金華山道として機能していることだ。交易道の場合、時代とともに変化していくことが避けられないが、神域として今も存在する金華山へと続く金華山道の持つ意味は変わらないのだろう。篤い信仰心を持って、あるいは海原に浮かぶ神の島の静けさに触れたいと願い、人は今もこの街道をたどって島を目指すのである。

写真上、多賀城には、古代陸奥支配の中枢を担った多賀城跡も残る（多賀城市高崎）　写真下、名勝松島に月が昇った。百人一首に詠まれるなど古くからその景観美を誇ってきた（松島町松島）

西行が佇んだと伝えられる西行戻しの松から、碧く光る多島海の松島湾を望む（松島町・西行戻しの松公園）

miyagi 016

宮城県気仙沼市本吉町風越——宮城県松島町高城

切支丹殉教の地を越え、日本三景の地へ

涌谷・登米道

大籠で感じる人の世の酷《むご》さと美しさ

涌谷《わくや》・登米《とよま》道は、三陸沿岸・本吉と日本三景のひとつ松島を結ぶ。海と内陸、そして再び海をつなぐ旅路となる。

　起点は、気仙道への接続点でもある気仙沼市本吉町の風越《かざこし》。石碑が乱立する七里塚から、海を背に内陸を目指す。

　三陸の特徴は、山と海が近いことである。この地も例外ではなく、海を離れた街道はたちまち、山懐へと入り込んでいく。

　立ち寄ったのは、宿場町・馬《ま》籠《ごめ》を過ぎたその先にある大籠《おおかご》。岩手と宮城の県境に位置するこの地の歴史をひもとくと、正視できないほどの悲しみに出合う。

　大籠切支丹。彼らはそう呼ばれてきた。今でこそ牧歌的な風景が広がる大籠ではあるが、か

つては耕地に恵まれず、天候不順もあって貧困にあえぐ土地だった。この貧困を救ったのが、永禄元年（１５５８）に備中より職人を招いて発達させた製鉄だった。川や海岸から採れる良質な砂鉄を原料とする製鉄は、伊達氏領内の重要な産業として成長していくのである。

そしてもうひとつ、製鉄技術とともにもたらされたものがあった。切支丹信仰である。当時、製鉄の現場は、烔屋《どうや》と呼ばれていたが、この烔屋が中心となり、切支丹の布教が行われたという。貧困を脱出する製鉄技術と、精神の安寧を得る切支丹信仰。ふたつは大籠の地に深く根付いた。

しかし、時代は切支丹禁教令を強化するに至り、大籠にも弾圧の波が押し寄せるのである。

寛永16年（１６３９）と翌年の17年には、大籠だけで３００人以上の信者が殉教する。打首、磔な

海無沢の三経塚。享保年間（1716～36）に処刑された切支丹信者 40 人を埋葬したという（登米市東和町米川）

写真上、涌谷城は豊臣秀吉の天下統一後、伊達氏の家臣の亘《わたり》理氏の居城となった（涌谷町字下町）　写真右下、馬籠宿の入り口では古碑を守る古老の姿があった（気仙沼市本吉町馬籠）　写真左下、奈良時代、このあたりで採れた砂金は、奈良東大寺の大仏の鋳金に使用されたという（涌谷町涌谷）

どが行われた処刑場から流れ出た鮮血は川を赤く染めたという。

穏やかな風景が広がる大籠に点在する処刑場。悲劇から４００年がたとうとする今もそこに花を手向ける人が後を絶たない。人の世の酷さと美しさ。大籠はそういう土地なのだろう。

次にたどりついたのは、明治の気配が色濃く残る登米。往時を伝える建造物が数多く残る。ここで歴史散歩をした後は、産金で知られた涌谷を越えて、一気に南下。いよいよ日本三景松島へと街道は進んでいく。

午後の遅い時間、松島が見渡せる西行戻しの松へ。ここはかの西行が松の大樹の下で出会った童子と禅問答して負け、松島行きを諦めたという場所だ。

松の下で夜を待っていると、月が昇った。海に撒かれる月の滴は美しく、そしてどこか悲しくもあった。

東和町の華足寺《けそくじ》山門は、入母屋造りの奇抜な楼門として知られる（登米市東和町米川）

写真上、上野の刑場にはマリア姿の仏像が立つ。写真下、大柄沢にある手彫りの礼拝堂(ともに岩手県一関市藤沢町大籠)

miyagi
016

涌谷・登米道

起点●宮城県気仙沼市……終点●宮城県松島町

本吉から国道346号、県道202号を経て登米へ。その後、再び国道346号沿いを南下し、涌谷を通過し、松島へと至る。海と海を結ぶ旅路だ。

A 街道の起点となる風越の七里塚。気仙道との接続点でもあった（気仙沼市本吉町風越）

B 米谷城跡のある米谷の入り口には、庚申を祀った大聖不動尊がある（登米市東和町米谷《まいや》）

散策ガイド

観　光

●**大籠キリシタン資料館**
徳川幕府の切支丹迫害による、大籠切支丹の歴史資料を展示。
所在地／岩手県一関市藤沢町大籠字右名沢 28-7
TEL 0191-62-2255　map A-5

●**不老仙館**
幕末伊達氏 13 代藩主が領内巡視時に宿泊に利用した建物。現在は書画や骨董品などを展示。
所在地／宮城県登米市東和町米谷ぜん荷 65
TEL 0220-42-2002　map B-4

●**蔵の資料館**
味噌・醤油の醸造元・海老喜が明治 41 年（1908）まで清酒「君が代」を造っていた酒蔵を公開している。
所在地／宮城県登米市登米町寺池三日町 22
TEL 0220-52-2015（海老喜）
map C-3

●**登米教育資料館**
明治時代の洋風学校建築を代表する建築物。国指定重要文化財。
所在地／宮城県登米市登米町寺池桜小路 6
TEL 0220-52-2496　map C-3

●**黄金山神社**
1200 年前に日本最初の金の産出地として祀られている神社。
所在地／宮城県遠田郡涌谷町涌谷字黄金宮前 23
TEL 0229-42-2619　map D-2

●**松島**
松島湾内外にある大小 260 余りの諸島で日本三景のひとつ。
所在地／宮城県松島町松島
TEL 022-354-2618（松島観光協会）　map G-1

●**マリンピア松島水族館**
開館は昭和 2 年（1927）で日本で 2 番目に長い歴史を持つ水族館。
所在地／宮城県宮城郡松島町松島字浪打浜 16
TEL 022-354-2020　map G-1

買い物

●**道の駅林林館**
所在地／宮城県登米市東和町米川字六反 33-1
TEL 0220-45-1218　map B-4

●**道の駅米山**
所在地／宮城県登米市米山町西野字新遠田 67
TEL 0220-55-2747　map C-2

街道の歴史、文化財等の問い合わせ先

●**街道について**
登米市市教育委員会
TEL：0220-34-2670

C　奈良の大仏鋳造に利用された天平の金を生んだ黄金山産金遺構地には、黄金山神社が立つ（涌谷町涌谷）

D　明治に建てられた旧登米高等尋常小学校は、教育資料館として開放されている（登米市登米町寺池）

E　涌谷宿の風景。市街地となって久しいが街道風情を伝える建物も残っている（涌谷町字新町）

F　月夜の松島湾。江戸時代、芭蕉があこがれた美の世界は、平成の世でも健在だ（松島町松島）

miyagi 017

宮城県石巻市大街道東
宮城県石巻市鮎川浜

神の島・金華山へ。牡鹿半島に延びる信仰の旅路

金華山道

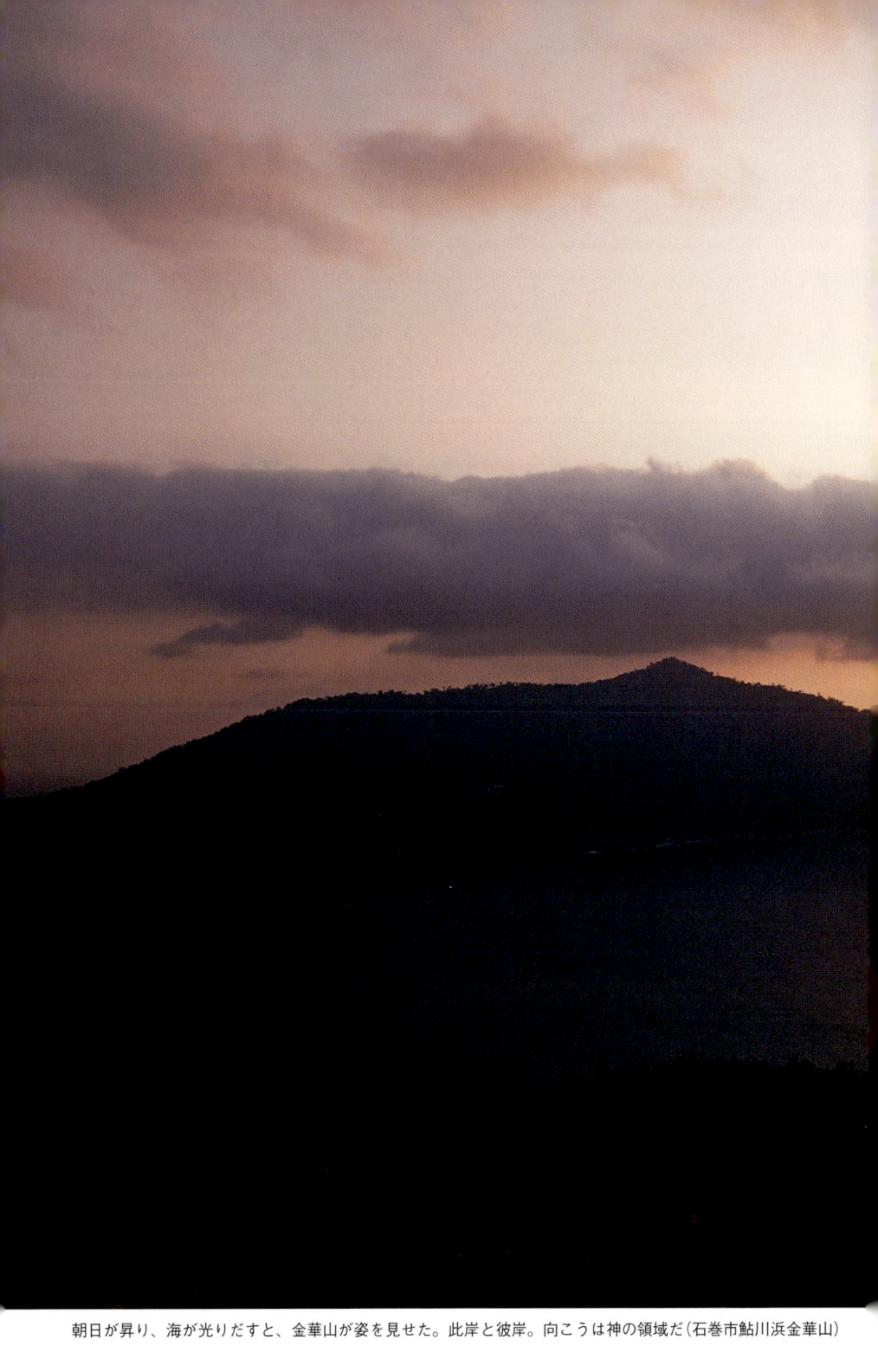

朝日が昇り、海が光りだすと、金華山が姿を見せた。此岸と彼岸。向こうは神の領域だ（石巻市鮎川浜金華山）

黄金山神社に参詣すると美しい姿の鹿が迎えてくれた。牡鹿半島にも多くの鹿が棲息する(石巻市鮎川浜金華山)

写真右、金華山は島全体が黄金山神社の神域となっている（石巻市鮎川浜金華山）　写真左、一の鳥居をくぐり、旧道を下っていくと浜に出た。かつてはこのあたりに金華山への船着き場があった（石巻市鮎川浜金華山）

庶民の念願だった金華山参詣。美しき海景を抱いて進む

牡鹿《おしか》半島の沖に浮かぶ金華山を詣でる旅。それは藩制時代を生きた人々にとっての念願だった。当時の旅といえば、霊場巡礼など信仰目的の旅が主流。金華山は、出羽三山、恐山とともに東北三大霊場のひとつに数えられていたため、一生に一度はお参りしてみたい地であった。

こうした巡礼旅を実現するため、村落につくられたのが「講《こう》」と呼ばれる信仰集団で、講中入りした人にとっては講を代表して参詣する「代参講《だいさんこう》」に選ばれることは最も名誉なことだった。

石碑群のひとつとして存在することが多い、いわゆる巡礼塔とは、この「代参講」に選ばれた人が巡礼より無事に帰還した記念として建立されることが多いのだという。

これまでの街道旅でも巡礼塔を数多く見てきたが、「金華山」を刻んだものは、「湯殿山」や「月山」など、出羽三山と比較してもかなりの数にのぼる。それだけ、金華山参詣は憧れの旅だったに違いない。とくに金華山は現世利益をもたらす弁財天が祀られていたため、庶民の人気を集めたようだ。

金華山への旅の起点は石巻。大街道の十字路に立つ「金華山道」の道標から西に進むと現れるのが渡波《わたのは》の万石浦《まんごくうら》だ。街道は、入浜式の塩田が開かれていた万石浦の南側を牡鹿半島に向けて登っていくのだが、ここは金華山舟行きの出発点でもあった。祝田の渡し場からの舟は鮎川浜までで、風のない日は毎日就航していたとの記録が残っている。

もちろん、現代の金華山旅は陸路だ。万石浦の大浜から南下

黄金山神社の境内に着くと、若い巫女が凛とした表情で迎えてくれた（石巻市鮎川浜金華山）

写真上、月浦は伊達氏家臣・支倉常長がスペインに向けて出航した地でもある。同地には銅像が立つ（石巻市月浦）　写真下、牡鹿半島の先まで来ると現れる一の鳥居。諸国から訪れた参詣者はここで必ず手を合わせた（石巻市鮎川浜）

旅の起点となる金華山道の碑。明治6年（1873）建立で、大街道から大金寺（黄金山神社）までの道のりが記されている（石巻市大街道東）

し、風越峠《かざこしとうげ》を越え牡鹿半島の西岸に出た。ここから先はひたすら車道に沿って南下だ。部分々では旧道も残っていたが、踏破できる状態ではなかった。

街道を進むと桃浦《もものうら》、月浦《つきのうら》、荻浜《おぎのはま》など、いずれも美しい名を持つ集落が現れた。静かな湾内には船が並び、波止場では魚網を繕う人の姿も見える。海に寄り添う暮らしの風景は、地名そのままの美しさだった。

そうこうしているうちに半島南端に近い山鳥渡に到着。ここに立つのは一の鳥居だ。手を合わせてから、森の中に続く旧道を進むと海に出た。このあたりに渡し場があり金華山への船が出ていたというが、今はただ、白い渚に海鳥が舞うばかりである。

波の音に耳を傾けていると、遠くで鹿が鳴いた。神の使いとされる金華山の鹿は泳いで海峡を往き来するのだという。

miyagi
017

金華山道

起点●宮城県石巻市 ―― 終点●宮城県石巻市

国道398号を東に向かい、渡波で県道2号へ入る。その先は牡鹿半島の西海岸に沿って、道なりに南下し、山鳥渡を目指す。

B 渡波の秋葉神社を過ぎると、街道は万石浦に架けられた橋を渡る（石巻市渡波）

C 荻浜には新道の脇に一部旧道が残っていた。道脇には石碑が並ぶ（石巻市荻浜）

D 給分浜《きゅうぶんはま》後山《うしろやま》の十一面観音立像は、国の重要文化財に指定されている（石巻市給分浜）

F 鮎川浜は、捕鯨で栄えた漁港だ。金華山への観光船発着港となっており、観光で賑わう（石巻市鮎川浜）

G 金華山行きの船があった山鳥《やまどり》渡《わたし》へと向かう途中で出合ったお地蔵様。子供地蔵と呼ばれている（石巻市鮎川浜）

H 黄金山神社へと至る参道。鬱蒼とした杉木立の中を進むと心が鎮まるといわれる（石巻市鮎川浜金華山）

散策ガイド

観　光

●日和山公園
かつて松尾芭蕉も訪れたこともあるこの日和山は、石巻市内を一望できる場所で春は桜、初夏にはツツジが咲き競う花の名所。
所在地／宮城県石巻市日和が丘2-1-10
TEL 0225-93-6448（石巻観光協会）　map A-2

●金華山黄金山神社
今からおよそ1250年前の創建。古来より「開運の神、御金の神」すなわち「商売繁盛の御利益を授かる」といわれている。
所在地／宮城県石巻市鮎川浜金華山5
TEL 0225-45-2301（黄金山神社社務所）　map D-5

買い物

●ロマン海遊21
（石巻市観光物産情報センター）
石巻観光情報の発信基地として石巻駅に隣接し、石巻の各種イベントや、観光情報、また宿泊案内などを提供。物産販売コーナーもある。
所在地／宮城県石巻市鋳銭場8-11
TEL 0225-93-6448（石巻観光協会）　map A-2

街道の歴史、文化財等の問い合わせ先

●街道について
石巻市教育委員会
TEL 0225-93-1910

●その他
石巻観光協会
TEL 0225-93-6448

震災後の街道　2012年1月末現在

石巻市街や牡鹿半島は壊滅的被害を受けた地域だ。しかし、街道自体は、山側を通過していることもあり、史跡の多くは流失を免れた。金華山の黄金神社では地震による被害はあったものの復旧は進み、参詣することも可能となっている。ただし、定期船がないため、船をチャーターする必要がある。

①渡波は被害の大きかった地域だが、秋葉神社は残った②荻浜の石碑群は地蔵が流失した③給分浜の十一面観音堂は、高台にあるため無事だった④鮎川浜は市街地の多くが流失した⑤かつて渡船場のあった山鳥渡付近の浜は、美しさを保っていた

A 旧北上川を渡る。少し北の大嶋神社あたりに渡し場があった（石巻市八幡町）

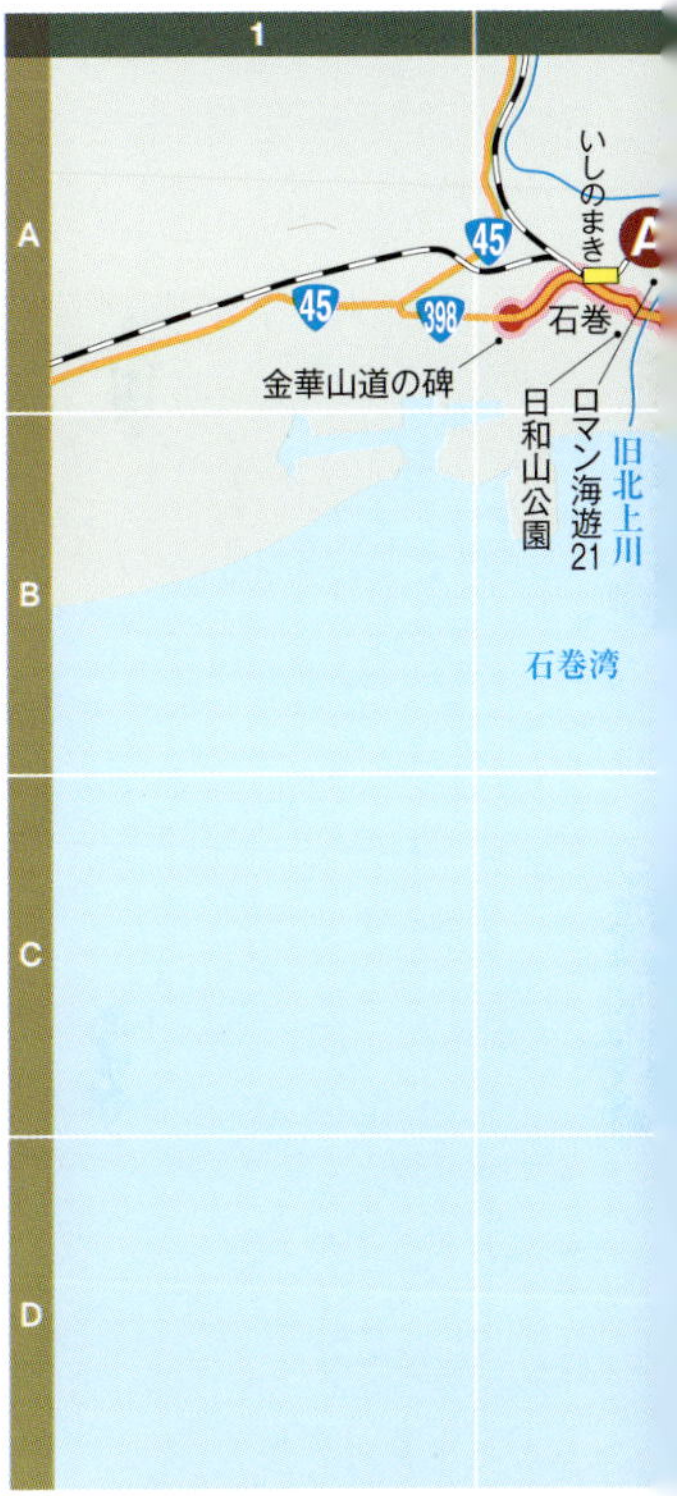

E 街道脇の林の中にあった石碑群。赤いべべを着たお地蔵様が平成の街道を眺めていた（石巻市給分浜）

miyagi 018

関山街道

奥羽山脈を越え、出羽国、天童へ

宮城県仙台市青葉区八幡～山形県天童市久野本

関山《せきやま》峠を下ってくると、視界が開け、東根と天童の町が夕暮れ空の下に広がっていた（東根市東根乙《ひがしねおつ》）

高崎小学校の脇に立つ道標。街道の時代もこうして子供たちが遊んだだろうか（東根市観音寺）

待ちかまえるは、「嶺渡り」の関山峠

　東北地方の脊梁ともいえる奥羽山脈を越える旅に出た。出発点は杜の都仙台。鎮守の大崎八幡宮で手を合わせた後、広瀬川に沿って西に進む。

　最初に到着したのは、愛子《あやし》宿《しゅく》だ。町内には、古碑、地蔵尊、観音堂などが点在し、宿場町の香りを今に伝えている。仙台の都市化ぶりとは異なり、時間さえもゆっくりと流れるようだ。

　関山街道は、この愛子をまず通ることからかつては「愛子街道」とも呼ばれた。また、秋保温泉へと通じる「仙台街道」はこの愛子宿から延びていた。

　愛子宿の先、峠までは、熊ヶ根、作並とさらに二つの宿場が設けられていた。多くの坂や沢を越える急峻な道のりゆえ、旅人には欠かせぬ休息地だったに

写真上、儒学者本澤竹雲《もとさわちくうん》による私塾、各知学舎。礼儀と信仰を重んじ、優れた門弟を輩出した（天童市上貫津《かみぬくづ》）　写真右、「山口の大仏」と呼ばれる鎌倉期の板碑（天童市下山口）　写真左、水晶山信仰として鎌倉期に建造されたとされる谷地中の石鳥居。柱のみが残る（東根市関山）

違いない。また、温泉も旅人を癒やしただろう。「奥州仙台領遠見記」によると、湯渡戸《ゆわたど》の坂下に湯が湧いており、石などで囲って温泉場としていたことが記されている。これが現在の作並温泉のはじまりと考えられる。

さて、作並宿を過ぎるといよいよ関山峠へと進んでいく。この峠を知らしめたのはその難所ぶりだ。仙台城の戦略上、関山街道の軍備は必須と考えられるが実際には家臣団の配置はなく、無防備に近い。理由は、峠が馬を遮る障壁だったからである。

関山峠越えの道は、「嶺渡り」と呼ばれ、まさに胸突き八丁の難路。御境目守のあった宮城側の坂下と、山形側の小屋原までの約二里においては、駄送は不可能とされ、荷物は背負い子で運ぶのが常だった。ちなみに牛馬の往来が可能になったのは関山隧道が完成した明治15年（1

鳳鳴四十八滝《ほうめいしじゅうはったき》の飛沫が舞う。滝の向こうには鎌倉山がのぞく(仙台市青葉区下愛子)

写真上、愛子宿で出合った地蔵様。ずっと旅人の往来を見守ってきたのだろう（仙台市青葉区愛子東）　写真下、卯年の守り本尊として、信仰を集めてきた鷹巣山文殊堂。境内には石造りのウサギが安置されていた（仙台市青葉区八幡）

土地の鎮守大崎八幡宮。1月14日の松焚祭は国内最大の規模とされている（仙台市青葉区八幡）

882）のことだった。

こうした先人の苦労をしのびつつ、現代の旅人も関山峠へ。気持ちを引き締めたのも束の間、昭和43年（1968）開通の新関山トンネルをくぐると、あっけなく山形側にたどり着いてしまった。ここで旅の味気なさを覚えるのは、苦労なく生きる現代人の贅沢だろうか。

山を下ると現れる関山番所跡付近で、すこし変わった名前の神様のことを聞いた。「たいぱら様」あるいは「たいぱら地蔵」と呼ばれる道祖神で、街道沿いの草地の中にあったという。所在地が確かでなく、探しきれなかったが、古老によると、五輪塔に似た形状で、旅人はそこに石をひとつ乗せて安全祈願したのだという。「たいぱら」とは、里と峠を分かつ結界だったのだろうか。その意味は土地の人もわからないのだそうだ。

miyagi
018

関山街道

起点 ● 宮城県仙台市 ── 終点 ● 山形県天童市

奥羽山脈をまたぎ、仙台市と山形県天童市を結ぶ。ルートは、ほぼ国道48号と重なるが、峠付近は、トンネルの開通により、通行不可となっている。

仙台城下を過ぎて最初に現れるのが愛子宿。観音堂が土地を見守る（仙台市青葉区下愛子）

C 国道をそれ、旧道に入ると出合ったのは馬頭観音を祀った古碑（仙台市青葉区上愛子）

D 国道48号は交通量が多いが旧道に入るとのんびりとした趣きとなる（仙台市青葉区上愛子）

鳳鳴四十八滝には、元治2年（1865）に納められた不動明王が祀られている（仙台市青葉区作並）

G 峠の手前には、足軽2人が定詰めしたという坂下御境目守跡が残る（仙台市青葉区作並）

H 新道ができたため、農作業に使われている旧道。道脇には古碑が残る（山形県東根市関山）

散策ガイド

観　光

●宮城県美術館
昭和56年(1981)開館。宮城県および東北地方にゆかりのある作品を多数展示。
所在地／宮城県仙台市青葉区川内元支倉34-1
TEL 022-221-2111　map C-6

●大崎八幡宮
慶長12年(1607)に伊達政宗が建立した仙台総鎮守の神社。
所在地／宮城県仙台市青葉区八幡4-6-1
TEL 022-234-3606　map C-6

●広瀬川
水源は奥羽山脈の関山峠付近で仙台市域内を流れる都市内河川。名水百選。　map B, C

●仙台市水道記念館
「近代水道100選」にも選ばれた青下水源地にあり、水道のしくみや歴史、水と生活の関わりなどをわかりやすく展示。
所在地／宮城県仙台市青葉区熊ヶ根字大原道地内
TEL 022-393-2188　map C-4

●作並温泉
海抜330mの広瀬川源流付近にあり、古くから仙台の奥座敷として親しまれてきた。
所在地／宮城県仙台市青葉区作並
TEL 022-395-2052(仙台市宮城地区観光案内所)　map B-3

●大滝公園
大滝は高さ15m、幅20mで乱川に落下する滝。この滝を中心とした渓谷公園。
所在地／山形県東根市関山
TEL 0237-42-1111 内線3116(東根市商工観光課)　map A-2

●広重美術館
歌川広重との縁にちなんで、生誕200年にあたる平成9年(1997)天童市に開館。
所在地／山形県天童市鎌田本町1-2-1
TEL 023-654-6555　map B-1

●天童公園
舞鶴山の頂上にある公園。遠く月山や朝日連峰、最上川が一望できる。
所在地／天童市天童城山
TEL 023-653-1680(天童市観光情報センター)
map B-1

買い物

●道の駅天童温泉
将棋駒やこけしなどの工芸品から地酒・そば・郷土料理・さくらんぼなどがある。
所在地／山形県天童市大字貫津字鍬ノ町2551
TEL 023-651-2002　map B-1

街道の歴史、文化財等の問い合わせ先

●街道について
仙台市教育委員会生涯学習部文化財課
TEL 022-214-8892
天童市教育委員会生涯学習課文化財係
TEL 023-654-1111

A 仙台のランドマークは青葉城。慶長年間(1596〜1615)に伊達政宗が築城。勇壮な石垣で知られる(仙台市青葉区川内)

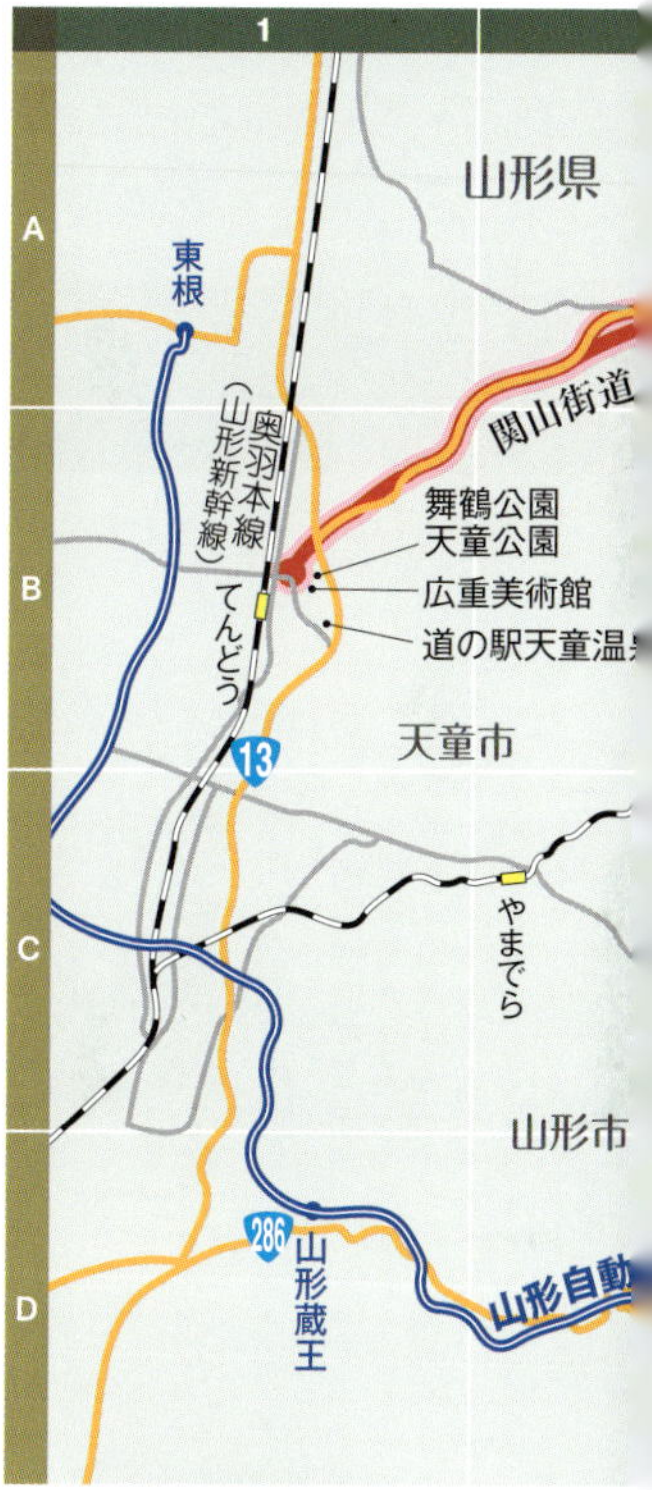

E 広瀬川もここまで来ると美しい清流となる。赤い橋は熊ヶ根橋(仙台市青葉区上愛子)

有耶無耶の関周辺に立つ八丁平の六地蔵。その姿は、峠越えの厳しさを物語る（川崎町今宿）

miyagi 019

宮城県蔵王町宮——山形県山形市釈迦堂

笹谷街道

歌枕の地、有耶無耶の関を訪ねて

「有耶《うや》」と啼き、「無耶《むや》」と啼く。山鬼から人を救う霊鳥伝説

道の両脇に人家が立ち並び、宿場町風情を伝える奥州道中の宮宿。笹谷街道はここで枝分かれし、遥か奥羽の山並みを越えて、山形へと続く。

奥州山脈雁戸山《がんどさん》を越える笹谷峠に至るまで、永野、猿花、川崎、今宿、笹谷と通過していくが、猿花へと至る途中、四方峠《しほうとうげ》と呼ばれる難所が待ち受ける。

この四方峠は、源頼朝が平泉の奥州藤原氏を攻めた奥州合戦（文治5年＝1189）の際、街道沿いの峠一帯が戦場となったと『吾妻鏡』に記されている。

しかし、現在の四方峠は歴史の悲劇は感じさせない。落ち葉が敷き詰められた美しい旧道が峠を縦断し、旅人の旅情を誘っていた。

街道は、仙台領最後の宿駅となる笹谷宿を過ぎると、車道か

笹谷宿から旧道に入ると、ほぼ完全な形で往時の道が現れる。峠までは約3km(川崎町今宿)

山形県内唯一の懸崖造りの建物で知られる唐松観音堂。堂内では勤行をする人の姿があった（山形市釈迦堂）

写真右、山形の馬見ヶ崎《まみがさき》の河原から幾重にも山が連なる笹谷峠を望む（山形市釈迦堂）　写真左、笹谷峠の有耶無耶の関は笹原のなかにあった。平安時代の歌枕の地として、今も訪れる人が多い（川崎町今宿）

ら分かれ、山懐へと入っていく。

ここから笹谷峠までの道のりは約３㎞。紅葉したブナ林のなかを行く道筋には、「馬頭観音」「下栃」「上栃」「函水」など、旅人が名付けた目印が点在し、在りし日の笹谷街道そのままの姿をとどめていた。

さて、汗をかきつつ旧道を登っていくと、やがてさらさらと音が鳴る笹原へ。ここが八《はっ》丁平《ちょうだいら》と呼ばれるところ。さらに進み、ようやくたどりついたのが有耶無耶の関だった。

『義経記』の伊那の関、『吾妻鏡』の大関山がこの有耶無耶の関にあたるといわれてきたが、この関の名を最も印象深くしたのが、山鬼と霊鳥の伝説である。

昔から、この笹谷峠には山鬼がいて、旅人を捕えては食べていたという。しかし、いつのころからか、番《つがい》の霊鳥が棲みつき、鬼がいれば「有耶」、鬼がいなければ「無耶」と啼き交わしたという。これにより、旅人は山鬼に食われることがなくなったというのだ。

こうした伝説に見る山鬼は空想にすぎないとしても、峠で命を落とす人は絶えなかった。それを伝えるのが八丁平の六地蔵で、遭難者の道標となるような間隔で街道沿いに並んでいるのだという。

また、仙台藩も、吹雪による遭難を防ぐために峠にお助け小屋を設けるなど、街道の安全確保に尽力している。霊鳥伝説とは、峠越えの危険を忘れまいとする旅人たちの知恵だったのかもしれない。

海抜９００ｍでは、紅葉はすでに終わっていたが、笹谷峠を越え、山を下ると再び紅葉の森に迎えられた。錦秋の山並みの向こうに見えるのは山形の町並だった。

悲運の物語を伝える野《の》上《じょう》道祖神で出合った観音様はどこまでも優しい顔だった（川崎町今宿）

写真上、四方峠付近の旧道跡（村田町足立《あしたて》）　写真下、奥州道中への合流点、宮宿（蔵王町宮）

笹谷街道

起点●宮城県蔵王町——終点●山形県山形市

笹谷街道は、奥州道中宮宿を起点として北進。川崎町からは、国道286号に重なるルートで、奥羽山脈の笹谷峠を越え、山形へと至る。

B 奥州道中と枝分かれした後、しばらく進むと現れる曲竹の一里塚(蔵王町曲竹)

C 川崎宿へと至る手前で出合う黒滝不動尊。鬱蒼とした森の中に鎮座していた(川崎町前川)

D 笹谷峠に至る手前で現れる笹谷宿。仙台領最後の宿場となり、峠道が始まる(川崎町今宿)

街道を下ってくると、三国伝来日本三釈迦如来の仏像を祀る法来寺に着く(山形市釈迦堂)

散策ガイド

観　光

●鎌倉温泉
前九年の役の際、武将・鎌倉景政が康平5年(1062)に発見した温泉で「鎌倉沢」と呼ばれる山奥にある。
所在地／宮城県刈田郡蔵王町大字平沢字鎌倉沢102
TEL 0224-33-2533　map C-5

●国営みちのく杜の湖畔公園
釜房ダム湖畔にある東北地方唯一の国営公園。「みちのく公園」が正式略称である。
所在地／宮城県柴田郡川崎町大字小野字二本松53-9
TEL 0224-84-5991（みちのく公園管理センター）　map B-5

●川崎城址
城址には要害の碑が残り、当時を偲ばせる雰囲気が漂う。
所在地／宮城県柴田郡川崎町大字前川字館山
TEL 0224-84-2116（宮城県川崎町生涯学習課）　map B-5

●笹谷街道の松並木
川崎町の町端から松並木が約4km続く。
所在地／宮城県柴田郡川崎町
TEL 0224-84-2116（宮城県川崎町生涯学習課）　map B-4

●ぼけなし観世音菩薩
笹谷峠から出た石で1.3mの観世音菩薩を建立、人工の13mの滝壺の側に安置。
所在地／山形市関沢字下り橋387
TEL 023-629-2870　map B-3

●東沢のつり堀郷
国道286号沿い、新山から関沢にかけて清流と自然豊かな景観のなか、4ヵ所のつり堀が点在。
所在地／山形市新山
TEL 023-647-2266（山形市観光協会）　map B-2

●石臼館
鈴木製粉所が開設したそばの資料館。石臼粉ひき工場の見学、そば製品や関係資料の展示などがある。
所在地／山形市滑川字谷地411
TEL 023-629-2517　map A-2

買い物

●産直市場みんな野
エコファーム蔵王株式会社が平成19年(2007)6月にオープンした農産物直売所。米や野菜など、新鮮で安全な特産物を直売している。
所在地／宮城県刈田郡蔵王町大字平沢字田中188
TEL 0224-33-3915　map C-6

街道の歴史、文化財等の問い合わせ先

●街道について
白石市教育委員会生涯学習課
TEL 0224-22-1343

●その他
山形市観光協会
TEL 023-647-2266
蔵王町観光協会
TEL 0224-34-2725

A 奥州道中との合流点となる宮宿の鎮守刈田嶺神社。堂々とした遥拝殿が立つ（蔵王町宮）

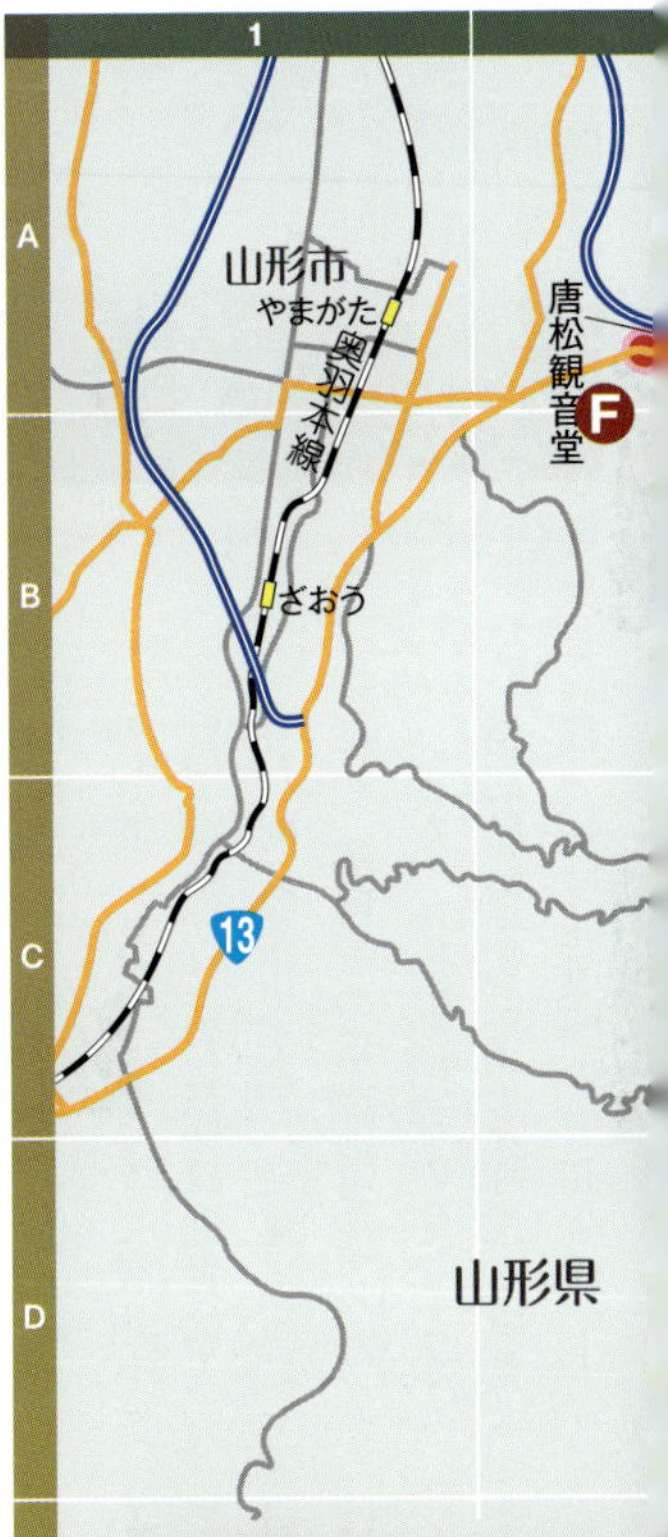

E 笹谷峠まで続く旧道は完全な山道。馬頭観音ほか古碑なども点在している（川崎町今宿）

後三年の役の際、刈田経元《かったつねもと》が築いたとされる城跡に立つ復元白石城（白石市益岡町）

miyagi 020

宮城県白石市益岡――宮城県柴田町字槻木

角田道

伊達家ゆかりの地を進む美しい田園路

白石城下で武家屋敷を散策した後は、阿武隈川を目指す

　白石城下を出発し、角田《かくだ》を経て、奥州道中に接続する柴田町《しばたまち》槻木《つきのき》へと至る角田道は、近世、柴田郡、白石、亘理《わたり》郡、相馬中村、伊達郡への連絡網として使用されていた。この道筋は近世に入り、阿武隈川水運が発達するに従い、藩内での重要度を増した。

　また、律令制国家の建設が本格的に始まった奈良時代、伊具郡一帯は陸奥国の中心を成す土地として日本史にも登場する。古代から近世に至るまで厚い歴史の層を持った土地といえよう。

　旅の出発地は、伊達政宗の腹心の部下で、参謀・指揮官として名を馳せた片倉小十郎景綱の居城、白石城。城下の後小路には、武家屋敷も残る。

　白石から角田を目指し、少し進むと、街道周辺の風景は変わる。高い山こそないが、標高

白石城跡の西にある片倉家廟所。歴代当主と７代目夫人が葬られている（白石市福岡蔵本）

白石から角田へと向かう。里山の穏やかな風景が続く（白石市大鷹沢大町）

300～500mほどの山が寄せる波のように連続する地形はこの地独特の美しさである。

旅をした時期は盛夏。青々と茂る森と棚田が次々に現れ、日本の原風景とでも呼ぶべき景観を楽しませてくれた。

街道を少しそれ、立ち寄ったのが勝楽山高蔵寺《しょうらくさんこうぞうじ》だ。寺伝では、弘仁10年（819）、南都の僧、徳一による開山とされている古刹である。広い境内のなかでの圧巻は、国重要文化財の阿弥陀堂だ。素木による宝形造・茅葺きで、間口、奥行きともに9・3mもある。雨に濡れ、艶やかに光る石段の先にあるその姿は、荘厳さに満ちていた。本尊の阿弥陀如来座像も国重要文化財となっており、堂とともに平安時代に藤原秀衡《ふじわらのひでひら》の妻女による建立とされている。中尊寺や毛越寺はもちろんのこと、ここでも藤原氏の篤い阿弥陀信仰と、権力

写真上、享保15年(1730)建築の旧小関家住宅は白石城下に残る武家屋敷のひとつ(白石市西益岡町)　写真右、大町の青面金剛像は庚申様として、土地の人から守られてきた(白石市大鷹沢大町)　写真左、角田から北に向かうと阿武隈川と出合う。近世初期以降は、この地の水運を担った(角田市江尻)

の大きさがうかがい知れる。

奥州藤原氏の興亡は、日本史のほんの数行を占めるのみである。しかし歴史の傍流には実に多くの物語が流れている。街道旅はそんな物語の数々をいつも雄弁に語り出す。

さて、もうひとつの寄り道をして、角田の南、丸森町《まるもりまち》の金山《かねやま》要害跡へ。標高１１７ｍの独立山地を利用した山城で、伊達政宗が初陣で攻め落としたことで知られる。政宗14歳、家督を相続する3年前のことだった。

建造物などは何もないが本丸周辺には、土中の石をそのまま積み上げたかのような荒々しい石垣がそびえる。夏の空に起立するそれは、若き政宗の猛々しさを見るようだ。

平安の世に咲く奥州藤原文化、そして政宗の青春時代。街道は、歴史の残像を抱え、阿武隈川に沿って北上していく。

高蔵寺の阿弥陀堂。藤原秀衡の妻女による12世紀後半の建立と伝えられている（角田市高倉）

天正９年(1581)、伊達政宗が初陣を飾ったとされる金山要害跡。天正12年(1584)以降は伊達氏の帰属となった(丸森町金山)

miyagi
020

角田道

起点● 宮城県白石市 ―― 終点● 宮城県柴田町

白石城下を起点に角田を経由し、奥州道中槻木へ。連なる低山を縫い、阿武隈川に沿って北上する旅路だ。枝街道だからこその寄り道を楽しみたい。

若い姉妹による父の敵討という美談「碁太平記白石噺」を伝える孝子堂（白石市大鷹沢三沢）

C 山間地に入ってからも街道沿いには、金剛像を彫った庚申塔が数多く見られる（白石市大鷹沢大町）

D 高さ30mの巨大な石が立っており、地名「立石」の由来となっている（角田市高倉）

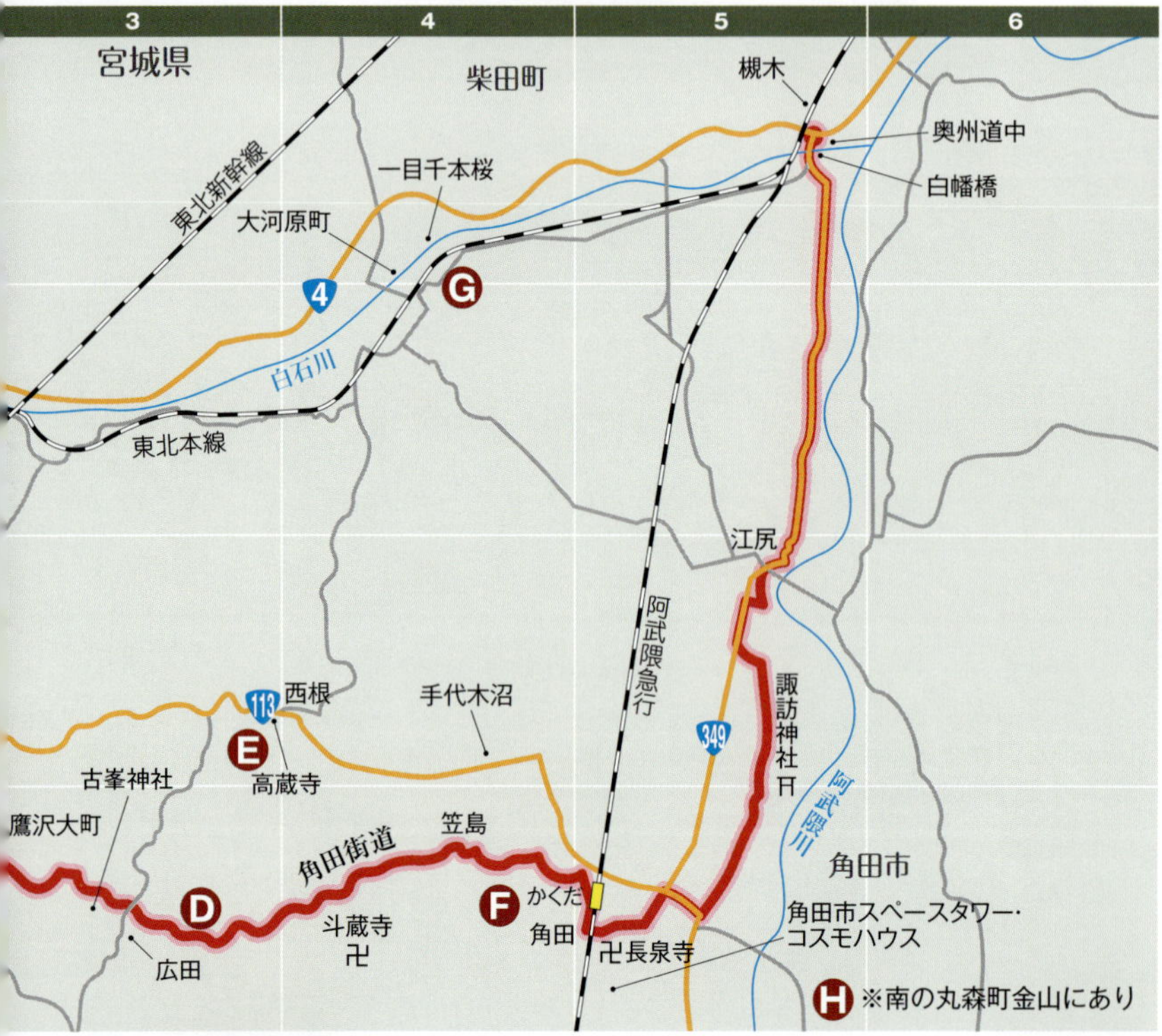

角田に入る手前の古碑。山間の道はここで終わり、次第に広い田園地帯となる（角田市笠島）

G 奥州道中との合流地点となる槻木の西、船岡城址からの眺め。近くに名所一目千本桜がある（柴田町船岡）

H 伊達政宗が初陣で勝利した金山要害跡、本丸からの眺め。北に角田を望む（丸森町金山）

散策ガイド

観　光

●白石城歴史探訪ミュージアム
白石城の歴史展示コーナーや地場産品と白石城の土産を中心とした売店などがある。
所在地／宮城県白石市益岡町1-16
TEL 0224-24-3030（白石城管理事務所）　**map C-1**

●古典芸能伝承の館（碧水園）
能楽堂は京都西本願寺北能舞台を手本としている。固定席169席、補助椅子等で300席可能。
所在地／宮城県白石市南町2-1-13
TEL 0224-25-7949　**map C-1**

●温麺《うーめん》の館
約300年の伝統を持つ「白石温麺」。館内にはその歴史的手延べ製法を再現している。
所在地／東北新幹線白石蔵王駅構内
TEL 0224-24-5915（白石蔵王駅構内観光案内所）　**map C-1**

●弥治郎こけし村
こけしの製作工程の展示室、絵付け体験や即売のコーナーがある。
所在地／宮城県白石市福岡八宮字弥治郎北72-1
TEL 0224-26-3993　**map C-1**

●角田市スペースタワー・コスモハウス
台山公園を拠点に「宇宙関連施設」としてH-Ⅱロケット実物大模型などの施設がある。
所在地／宮城県角田市角田字牛舘100
TEL 0224-63-5839　**map D-5**

●勝楽山 高蔵寺《こうぞうじ》
弘仁10年（819）に南都の僧・徳一が創建したと伝えられる。本尊の阿弥陀如来坐像は、国指定の重要文化財。
所在地／宮城県角田市高倉字寺前49
TEL 0224-65-2038　**map C-3**

●斗蔵寺《とくらじ》
斗蔵山の山頂にある斗蔵寺観音堂は、大同2年（807）に坂上田村麻呂が建立し千手観音を安置したと伝えられている。
所在地／宮城県角田市小田字斗蔵95
TEL 0224-62-5341　**map D-4**

●手代木沼《てしろぎぬま》
白鳥の飛来地として有名。
所在地／宮城県角田市高倉
TEL 0224-63-2120（角田市産業建設部商工観光課）　**map C-4**

買い物

●角田駅コミュニティプラザ
愛称「オーク・プラザ」。角田市の情報発信拠点で、観光物産センターでは地場産品を販売している。

所在地／阿武隈急行線角田駅下車（角田駅内）　**map D-5**

街道の歴史、文化財等の問い合わせ先

●街道について
白石市教育委員会生涯学習課
TEL 0224-22-1343
角田市教育委員会事務局生涯学習課
TEL 0224-63-2221

Ⓐ 白石城下の武家屋敷が並んでいた後小路。武家屋敷の前を掘割が流れる（白石市西益岡町）

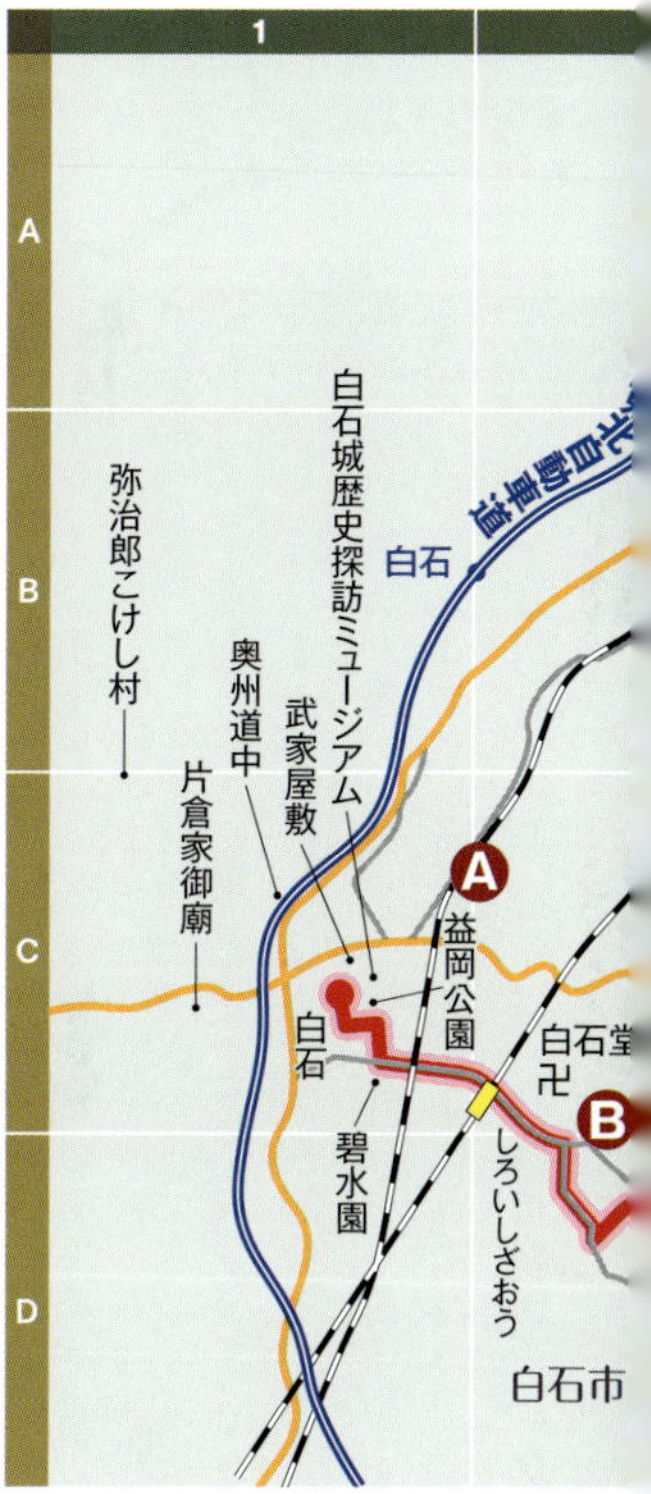

Ⓔ 高蔵寺境内には、江戸中期の典型的農家建築・旧佐藤家住宅が移築されている（角田市高倉）

山形の街道

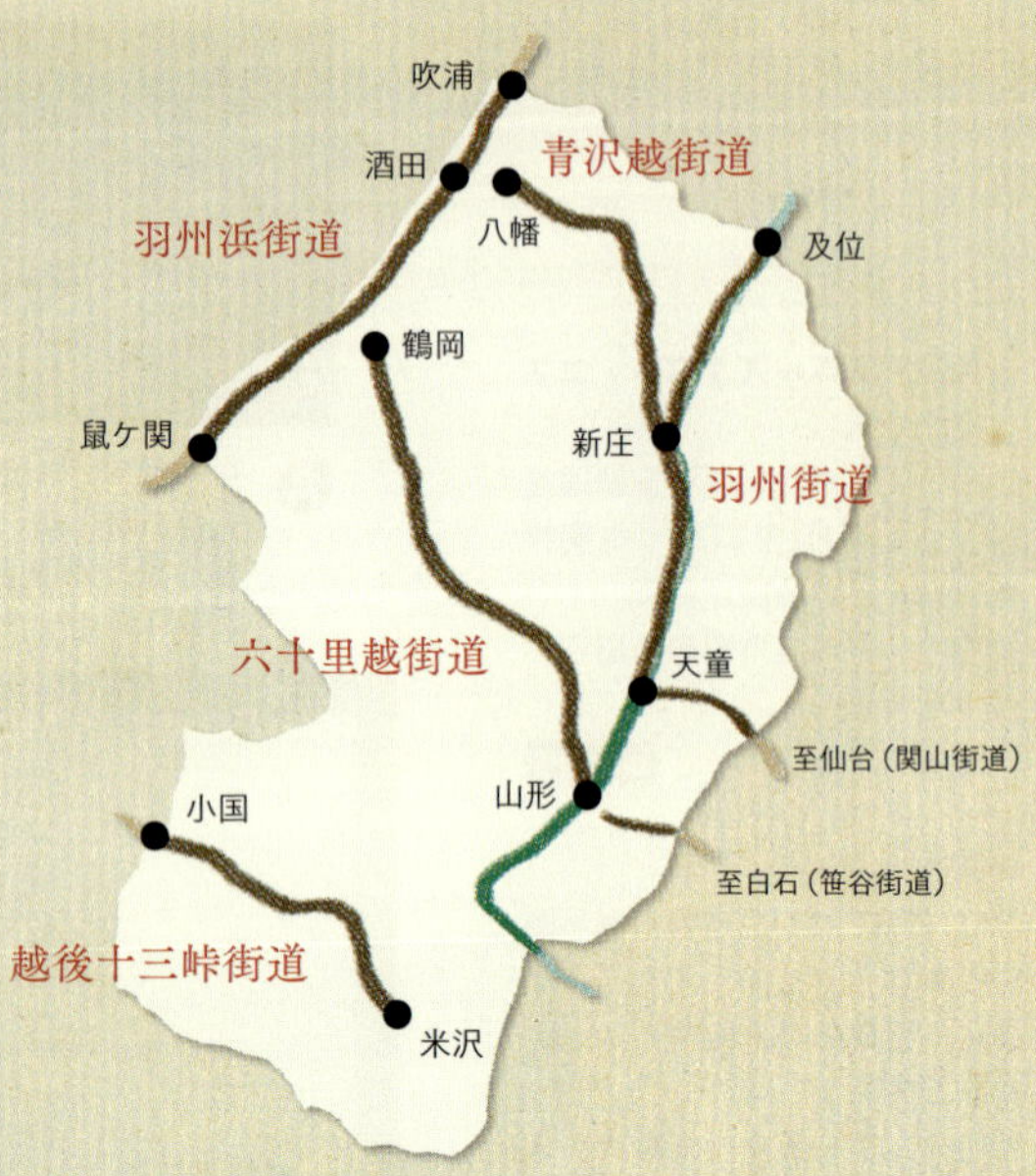

山形は旧街道の姿を多くとどめている土地だ。越後十三峠街道、六十里越街道など、かつての峠道に石畳がそのまま残る街道もあり、街道歩きを存分に楽しめる土地だ。

また、山形の街道は、出羽三山参詣道としての性格が色濃く残されている。出羽三山のなかでも湯殿山は「言わず語らずの山」と呼ばれ、伊勢、熊野に並ぶ霊場のひとつとされた。藩制時代には多くの信者で街道は賑わった。その参詣道であった六十里街道はもちろんのこと、山形の街道各所で、参詣旅の世界に触れることができる。

また、山形には実に個性的な風習が多い。本書の街道旅でも、「浜中のケヤキ姉妹《キョウダイ》」と呼ばれる風習と出合った。これは、鶴岡市温海の大岩川浜中で伝えられているもので、満12歳と13歳の女子が、藁くじを引いてペアとなり、血縁とは関係なく姉妹の契りを結ぶ儀式である。女性の相互扶助をより強固にするために生まれたとされるこの義理の姉妹関係は、子供、嫁、姑と女性の人生の各時代に引き継がれ、家族以上の親密さを持ちながら、一生続いていくのだという。

今回の旅を通じて、大岩川で出会ったのは当時90歳になるケヤキ姉妹のおばあさん二人で、この土地ならではのケヤキ姉妹で結ばれた女性の人生というものを教えてくれた。

思いがけず風土の習いと出合う街道の旅は、土地に生きる人の来し方を訪れるひとときでもある。

写真上、羽州浜街道から望む日本海（鶴岡市早田）　写真右、鶴岡の大岩川浜中で受け継がれている「ケヤキ姉妹」のおばあさん二人（鶴岡市大岩川）　写真左、越後十三峠街道の萱野峠には石畳が残っていた（小国町玉川）

yamagata 021

山形県鶴岡市鼠ヶ関―山形県遊佐町吹浦

海鳴りを聴き、海の暮らしを肌で感じる

羽州浜街道

漁師の遭難に胸を痛めた、海禅寺《かいぜんじ》の第 21 代住職寛海《かんかい》和尚が海上安全と供養のために造った十六羅漢（遊佐町吹浦《ゆざまちふくら》）

海鳴りが聞こえる町、小岩川。浜街道沿いにはこうした漁村が点在する(鶴岡市小岩川)

菅江真澄の歩いた道を北へ向かう

庄内の主要街道のひとつ、羽州浜街道は、越後との県境鼠ヶ《ねずが》関《せき》を起点に北進する。鼠ヶ関は、「念珠関」とも記し、古代の奥羽関のひとつとして知られる。また、藩制期には、庄内藩から藩外に出る五つの口のひとつとして船改所も置かれるなど、古代から近世に至るまで、政治上で重要な意味を持つ土地だった。

しかし、道筋自体は、決して通行しやすいものではなかった。道程の多くは砂丘、荒磯、岩山であり、場所によっては切通しの開削が必要とされた。また、海岸浸食も激しいため、道筋の確保も困難だった。

それでも、この街道は饒舌だ。芭蕉をはじめ、古川古松軒《ふるかわこしょうけん》など、羽州浜街道を見聞した文人墨客

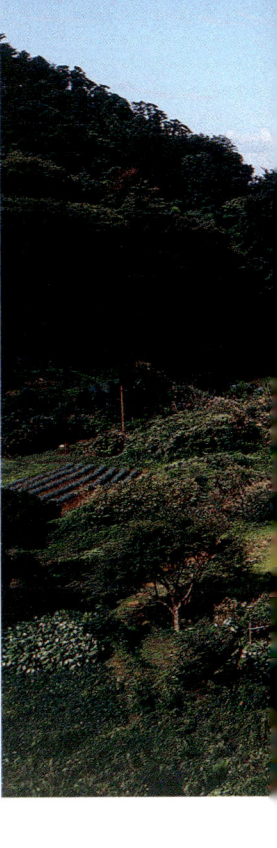

写真上、明治28年(1895)造の木造六角灯台は長らく酒田のシンボルだった(酒田市南新町)　写真右、小岩川には、墓を2つつくる両墓制と呼ばれる習慣があった。丸い石は埋め墓と呼ばれている(鶴岡市小岩川)　写真左、古代からの長い歴史を持つ鼠ヶ関(鶴岡市鼠ヶ関)。

たちが、多くの言葉を残しているからだ。

なかでも、三河出身ながら、半生をかけて陸奥と蝦夷を見聞し、角館で最期を迎える菅江真澄の「秋田のかりね」は、藩制期における浜の民の暮らしを実にこまやかに描き出している。

たとえば、人が死ぬ前になると刃物の砥ぎ跡が見えるという小岩川の「磨石」や、娘をもつ者はみな遊女にだすのをならいとしている温海《あつみ》の「はまのおば」など、伝承や民俗が淡々と綴られる。興味深いのは、そういう事実に真澄は解釈を設けないことだ。事実を事実として認め、不思議な出来事については「不思議だ」と記す。読者はある意味、煙に巻かれるが、一方で世界の奥深さを知る。あらゆる事象を自分たちの世界に置き換え、既存の意味を持たせることで我々は世界を理解してきた

海の守り本尊として信仰を集める善宝寺の五重塔。ほかにも五百羅漢堂など見どころも多い(鶴岡市下川)

写真上、24歳で北海道に渡り、ニシン漁で巨万の富を得た青山留吉の本邸（遊佐町比《ひ》子《こ》）　写真右、夕日が沈む吹浦の海（遊佐町吹浦）　写真左、中山集落には2.3mもある大きな地蔵尊が祀られている。延命地蔵と呼ばれ、地元の篤い信仰を集めている（鶴岡市中山）

が、もしかしたら、それは逆に世界を狭めていることになるかもしれない。

さて、そんな真澄に倣い、土地の暮らしに目を向けながら北上する。現在は車道が敷かれているため、難所らしい難所はない。しかし、車道の脇は荒海が迫っている。かつての街道は、天候不良の際には不通になったというがもっともな話だろう。

温海を過ぎ、鶴岡に入ると街道はしばし海から離れた。しかし、また酒田に入るところで海岸線を進む。酒田から北、遊佐吹浦までは延々と続く砂丘が道筋だった。かつての旅人は、どのような思いでこの茫々たる砂丘を越えたのだろうか。

夕刻、金色に光る吹浦の海で荒磯に彫られた十六羅漢と出合った。自然と手を合わせた先は、仏だったのだろうか。それとも海だったのだろうか。

yamagata
021

羽州浜街道

起点●山形県鶴岡市……終点●山形県遊佐町

新潟との県境鼠ヶ関を起点に国道7号沿いをひたすら北上する。途中、少し内陸に入るが、再び海に出て、秋田県境の遊佐まで北進する。

A 復元された念珠関跡。鼠ヶ関には古代、近世に渡って関が設けられた（鶴岡市鼠ヶ関）

B 天明4年（1784）、諸国遊覧中の菅江真澄が数日間逗留したとされる西光寺（鶴岡市小岩川）

C 海原に立つその異形から古川古松軒の「東遊雑記」にも記されている呉坪の立石（鶴岡市温海）

D 街道風情の残る町並みで出合った圓通寺の古碑群。この付近は小さな漁村が多い（鶴岡市堅苔沢《かたのりざわ》）

散策ガイド

観　光

●鼠ヶ関マリーナ
平成4年(1992)「べにばな国体」ヨット会場地で日本海側屈指の規模を誇りマリンスポーツのメッカ。
所在地／山形県鶴岡市鼠ヶ関
TEL 0235-44-3199(鼠ヶ関マリーナ管理事務所)　map F-1

●立岩
日本海に直立した高さ51 mの奇岩。頂上には天然記念物のマルバシャリンバイや常緑木が密生。
所在地／山形県鶴岡市温海
TEL 0235-43-4617(鶴岡市温海庁舎 産業課)　map E-2

●あつみ温泉ばら園
約90種3000本のバラが植栽。6月から10月まで次々と咲くバラを見ることができる。
所在地／山形県鶴岡市あつみ温泉
TEL 0235-43-3547(あつみ観光協会)　map F-2

●白山島《はくさんじま》
由良海岸のシンボルで、高さ70 m、周囲436 mの小島。
所在地／山形県鶴岡市由良
TEL 0235-25-2111(鶴岡市観光物産課)　map E-2

●加茂水族館
山形県内唯一の水族館で、世界中の海や川からたくさんの生き物を集めている。
所在地／山形県鶴岡市今泉字大久保656
TEL 0235-33-3036　map E-2

●湯野浜温泉
目の前に広がる約1 kmの白浜海岸が特徴で、浴室から水平線に沈む夕日は絶景。県内有数のリゾート地。
所在地／山形県鶴岡市湯野浜
TEL 0235-75-2258(湯野浜温泉観光協会)　map D-3

●日和山公園
園内には日本最古級の木造六角灯台や方角石、往時活躍した千石船(1/2で再現)などがある。
所在地／山形県酒田市南新町1丁目
TEL 0234-24-2233(酒田観光物産協会)　map C-3

買い物

●道の駅あつみ「しゃりん」
温海の特産品や推奨品を販売。
所在地／山形県鶴岡市早田字戸ノ浦606
TEL 0235-44-3211　map F-1

●さかた海鮮市場
日本海で水揚げされた新鮮で活きの良い魚介類を販売。
所在地／山形県酒田市船場町2-5-10
TEL 0234-23-5522　map C-3

街道の歴史、文化財等の問い合わせ先

●街道について
酒田市教育委員会社会教育課
TEL0234-24-2994

●その他
あつみ観光協会
TEL0235-43-3547
鶴岡市観光物産課
TEL0235-25-2111(鶴岡市役所)
酒田観光物産協会
TEL0234-24-2233

E 馬町の鎮守椙尾神社には桃山時代末期の石鳥居が立つ(鶴岡市馬町)

F 大美和神社付近の海岸線を街道が走っていたが、海岸浸食で姿を消した(酒田市十里塚)

G 庄内砂丘の手前で現れる稲荷神社。この先街道は砂丘の海辺道を進む(遊佐町菅里)

H 県境となる三崎。ここから街道は北国街道とも呼ばれるようになり、秋田を目指す(にかほ市象潟小砂川)

A B C D E F G

観音寺から先は、のどかな田舎道が続く（酒田市下青沢）

yamagata 022

山形県酒田市観音寺——山形県新庄市堀端町《ほりばたまち》

庄内と最上地方をつなぐ古の峠道を行く

青沢越街道

中世舘跡に郷土芸能。街道には古の香りが漂う

青沢越街道《あおさわごえかいどう》は文字通り、峠越えを要する道のりである。標高約３２０ｍの青沢越が最上地方と庄内地方を分かつ。

藩制時代、庄内と最上地方を結ぶ物資輸送ルートとして活躍したのは最上川水運だった。

最上川は古代より使われていた川の道ではあるが、難所となる急流も多く、本格的な発展は、米沢藩による川普請《かわぶしん》以後のこととなっている。この発展に伴い、最上川の支流となる鮭川《さけがわ》水運の開発も進み、近世においては、青沢越街道沿いの差首鍋《さすなべ》まで船が上ったという。その意味では陸路の役割は近世以前が大きかっただろう。

だからなのだろうか。青沢越街道は、どことなく中世の香り

かわいらしく並んだ南ノ前田の地蔵尊。このあたりに御番所が設けられていた(酒田市上青沢)

夕日に染まる鮭川の流れ。鮭川村には、鮭を天の恵みとして感謝する習俗が多くみられるという（鮭川村佐渡）

が漂う道だ。起点となる観音寺にある観音寺城《かんのんじじょう》、差首鍋城《さすなべじょう》、鮭川沿いの京塚館《きょうづかかん》、鮭延城《さけのべじょう》など、街道沿いには中世の舘跡が多く存在している。そのほとんどが鬱蒼とした山と化し、不明な点も多い。しかし、だからこそ、舘跡の前では「日本」という形が消え去り、もっと柔らかでいて混沌としたこの国の在りようが見えてくるような気がする。

　また、この街道には、興味深い郷土芸能も数多く残されている。たとえば、「獅子はね」とも呼ばれ躍動美が持ち味の青沢地区の獅子踊りの起源は、農業が始まる以前の狩りの時代に、鹿や猪などの獲物を祈願したまつりの行事が発展したものだという。まさに「日本」以前、縄文の名すら浮かぶ芸能である。

　時代は新しくなるが、差首鍋の平枝番楽《ひらえだばんがく》もこの土地を代表する郷土芸能で、２２０年以上の

写真上、秋田、最上地方の交通の要衝として栄えた観音寺の町並(酒田市観音寺)　写真右、青沢越への道筋は、錦秋の森に覆われていた(酒田市北青沢)　写真左、災難に遭いそうになる子供のびんてんこ(もみあげ近くの髪)を引っ張って救うというびんてんこ地蔵(鮭川村庭月《にわつき》)

歴史を持つ。秋田の矢島《やしま》地方から伝えられたとされており、街道が文化の伝播に関わっていたと想像できる。

さて、古の風雅な香りを感じつつ、峠を越えた後、鮭川水運でにぎわったという安楽城《あらき》に立ち寄った。ここは童唄の故郷として知られる。童唄を聞いて育った年ではないが、だからこそ、一度、その穏やかな世界を生んだ土地に触れてみたいと思った。

しばし、安楽城の田園をぶらついた後、夕暮れの街道を再び出発した。街道の脇を流れる川が、真《ま》室川《むろがわ》から鮭川へとその名を変えた頃、太陽は一日の役目を終えようとしていた。

「雁　雁　わたれ　鍵になれ　竿になれ　後の雁　先になれ」残照に光る川面からは、聞いたことがないはずの安楽城の童唄が聞こえてくるようだった。

yamagata
022

青沢越街道

起点●山形県酒田市――終点●山形県新庄市

酒田の観音寺より国道344号を東へ進む。旧道は国道沿いに部分的に残るものの、その多くが国道に重なる。難所の青沢越もトンネルが開通し、快適な車道だ。

B 観音寺の鎮守・八幡神社。古い町のお宮らしく落ち着いた佇まいだった（酒田市市条《いちじょう》）

C 常禅寺《じょうぜんじ》の北に残る旧道に入ると、石碑が迎えてくれた（酒田市常禅寺）

D 青沢越のトンネルを抜けると、山また山の風景が続いていた（真室川村差首鍋）

F 街道沿いに立っていた本覚院薬師堂。森の静けさのなか、旅人が休んだ場所なのだろう（真室川村大沢）

G 最上三十三観音の打ち止めの地である庭月観音。東北最大の灯篭流し行事が続けられている（真室川村庭月）

H 新庄藩6万石の本拠、新庄城。立派な土塁と堀を持つ。ここも戊辰戦争の戦場となった（新庄市堀端町）

散策ガイド

観　光

●土門拳記念館
酒田市名誉市民第 1 号土門拳の全作品を収蔵。日本最初の写真専門美術館。
所在地／山形県酒田市飯森山2-13
TEL 0234-31-0028　map B-2

●酒田市立資料館
酒田の歴史や民俗、酒田大火に関する常設展示のほか、年数回開催される企画展で酒田の歴史・民俗・文化などをテーマごとに展示している。
所在地／山形県酒田市一番町8-16
TEL 0234-24-6544　map B-2

●梅花里湖《ばいかりこ》
大沢川の上流にある高坂ダムの人造湖で、三方を山に囲まれ、鳥海山や加無山の山影を映している。
所在地／山形県最上郡真室川町
TEL 0233-62-2111（真室川企画課）　map A-5

●鮭川村エコパーク
「自然との共生」をテーマにした総合滞在型自然公園。宿泊施設や研修施設が完備され、カフェや特産物販売も行っている。
所在地／山形県最上郡鮭川村木の子の森
TEL 0233-55-4455　map C-5

●新庄城址（最上公園）
新庄藩の藩祖・戸沢政盛が寛永2年（1625）に築いた新庄城の城跡で、市指定史跡。城は戊辰戦争で焼失したが、現在は戸沢神社、天満神社、護国神社がある。
所在地／山形県新庄市堀端町
TEL 0233-22-2111（新庄市商工観光課）　map D-6

●新庄ふるさと歴史センター
雪国、祭、城下町の三つの視点から新庄を紹介している市の観光拠点施設。
所在地／山形県新庄市堀端町4-74
TEL 0233-22-2188　map D-6

買い物

●もがみ物産館
地酒やくじらもちといった昔ながらの特産品から伝統の技に新たな創作を加えた工芸品など 2000 品目をそろえている。
所在地／山形県新庄市多門町1-2
TEL 0233-28-8886　map D-6

街道の歴史、文化財等の問い合わせ先

●街道について
酒田市教育委員会社会教育課
TEL 0234-24-2994
新庄ふるさと歴史センター
TEL 0233-22-2188

●その他
酒田観光物産協会
TEL 0234-24-2233
新庄市商工観光課（新庄市役所）
TEL 0233-22-2111

A 中世の古城、観音寺城跡となる八森《はちもり》公園より観音寺の町並みを望む（酒田市麓）

E 平枝集落は、平枝番楽を継承する土地。大昔は一大湖沼だったとの伝説が残る（真室川村差首鍋）

yamagata 023

山形県真室川町及位《のぞき》――山形県天童市天童

歴史の光芒と市井の暮らしを語る出羽国の大動脈

羽州街道

金山では堰など歴史的な町並みが保存されており、散策がとても楽しい。金山は鯉の町でもある（金山町金山）

芭蕉にイザベラ・バード。旅行家たちの旅路を行く

奥州道中に並び、東北の大動脈である羽州街道は、青森の油《あぶら》川《かわ》と福島の桑折《こおり》を結んでいた。

この街道を上り下りした出羽の大名は十三家。出羽三山参詣の道者の通行は年間で2000人以上。菅江真澄《すがえますみ》、古川古松軒《ふるかわこしょうけん》、松尾芭蕉、イザベラ・バードと、文人墨客も多数に上る。羽州街道は、長きにわたって出羽国をはじめとする東北諸国の経済、文化を支えたのだ。

そんな大街道の旅に選んだのは、秋田、山形の県境となる雄《お》勝峠《がちとうげ》から天童まで。藩制時代には最上川水運等でも賑わった最上地方を歩いてみることにした。

雄勝峠からしばらく牧歌的な風景の中を南下。最初に現れるのが金山《かねやま》だ。

美しい里山風情の金山は、この道筋を語るうえでは重要な土地だ。秋田藩の佐竹氏や弘前藩の津軽氏などがここ金山に本陣や脇本陣を置くなど宿場町としての繁栄を築いただけではなく、古代においては、大野東人《おおののあずまびと》が東夷東征の際に金山周辺に陣を張ったと伝えられ、その後も陸奥国府多賀城と出羽国府秋田城を結ぶ中継地としても重要視されたという。また、近世になると官軍となった秋田藩と奥羽列藩同盟との間で激しい攻防戦が繰り広げられた町でもある。

そして現在、大小の鯉が大堰で優雅に泳ぐ金山の町で見つけたのは、長い歴史の上に築かれた穏やかな時間だった。

金山の町外れ、上台峠を越えていくと、次に現れたのが新庄だ。ここで拾ったのは、お地蔵様が語る心優しき物語だった。

新庄の南、街道沿いにある接《しょう》

土地のふくよかな信仰を伝える岩円《いわえん》地蔵。かつては一晩お籠りし、豊作や降雨を願ったという（金山町下野明《しものみょう》）

写真上、宝暦の大凶作による餓死者を供養するために建立されたまかど地蔵（新庄市下金沢町）　写真右、舟形《ふながた》宿を出て、標高 150 m ほどの猿羽根峠《さばねとうげ》を過ぎると尾花沢だ。松尾芭蕉一行は、馬でこの峠を越えたという（舟形町舟形）　写真左、村山に入る手前で見つけたのは尾上の松（村山市本飯田）

引寺《いんじ》の境内に立つまかど地蔵の口の周りは黒く汚れている。この汚れは春と秋の彼岸にぼた餅を食べさせるからだという。

　まかど地蔵が建立されたのは多くの餓死者が出た宝暦の飢饉《けがつ》の後である。人々は餓死者の魂を弔うため、２５０年以上にもわたり、お地蔵様にぼた餅を食べさせ続けてきたのである。

　さて、新庄の次は、紅花交易で知られた尾花沢へと向かう。この町の語り草といえば、紅花商人の鈴木清風だという。江戸商人の嫌がらせに対し、一計を案じて得た大金を使い、吉原大門を三日三晩閉め切って遊女たちに休養を与えたという清風の豪気さは、今も尾花沢人の誇りだと聞く。

　東北の大動脈として人と物を運び続けた羽州街道。この道に伝わる物語の豊かさは、道のりの歴史の長さに由来している。

明治2年(1869)に完成した旧村山郡役所。3階に塔屋を持つハイカラな外観が特徴だ(天童市五日町)

写真上、行基が開山した天童の若松寺（天童市山元《やまもと》）　写真下、紅花は最上川舟運で日本海に運ばれた（村山市白鳥）

羽州街道

起点●山形県真室川町 ―― 終点●山形県天童市

秋田との県境雄勝峠から山形路に入り、国道13号に沿って、南下する。峠や国道沿いの県道など、脇道には部分的に旧道が残る。

A 雄勝峠を下ると及位の牧歌的な風景が現れる（真室川町及位）

B 金山の旧市街に残る金山城の大手門は、金山地方では最も古い建造物のひとつとされている（金山町金山）

C 金山と新庄を結ぶ上台峠《うわだいとうげ》は、イギリスの女性旅行家イザベラ・バードがたどった道でもある（金山町上台）

D 新庄城は寛永２年（1625）に新庄藩６万石の本拠として戸沢政盛《とざわまさもり》により築城された。現在は公園（新庄市堀端町）

散策ガイド

観　光

●旧矢作家住宅
18 世紀半ばの建造と伝えられる、最上地方の典型的な中農住宅。住居と馬屋が一緒になっているのが特徴。国指定重要文化財。
所在地／山形県新庄市泉田往環東 460
TEL 0233-25-2257　map C-3

●鳥越八幡神社
寛永 15 年(1638)建立の本殿は新庄最古の建造物。370 年を超える時を経てもなお流麗な美しさを見せる。国指定重要文化財。
所在地／山形県新庄市鳥越 1224
TEL 0233-22-0646　map D-3

●東山公園あじさいの杜
新庄市を一望できる丘陵地に位置し、各種スポーツ施設を備えた総合公園。市花あじさいが 6 月初旬から 7 月末まで見ごろ。
所在地／山形県新庄市金沢山 3070-8
TEL 0233-22-2111(新庄市商工観光課)　map D-3

●舟形町歴史民俗資料館
舟形町内の古文書や民具・民俗資料などを広く収集・整理・保存・展示している施設。建物は長沢集落にあった古い農家を移設したもの。
所在地／山形県最上郡舟形町舟形 2679-22
TEL 0233-32-3495　map D-3

●東沢バラ公園
日本一の規模を誇るバラ園。6月から 9月にはバラまつりが開催される。環境省から全国のバラ園で唯一、「かおり風景 100選」の認定を受けた。
所在地／山形県村山市楯岡東沢
TEL 0237-53-5655　map E-3

●天童公園(舞鶴山)
天童市の中心部にある舞鶴山は、一帯が市民の憩いの公園になっている。山頂の展望広場からは、月山や朝日連峰、最上川などが一望できる。4 月下旬頃には約 2000 本の桜が咲き誇る。
所在地／山形県天童市大字天童城山 4062-6
TEL 023-653-1680(天童市観光物産協会)　map F-3

買い物

●産直まゆの郷
新庄市エコロジーガーデンの中にある産直施設。
所在地／山形県新庄市十日町 6000-1
TEL 0233-23-5007　map C-3

●道の駅むらやま
地場特産品や山形県内の主なお土産を展示販売。
所在地／山形県村山市楯岡 7635-1
TEL 0237-55-7100　map E-3

街道の歴史、文化財等の問い合わせ先

●街道について
新庄ふるさと歴史センター
TEL 0233-22-2188
天童市教育委員会生涯学習課
TEL 023-654-1111(天童市役所)

●その他
新庄市商工観光課
TEL 0233-22-2111(新庄市役所)
天童市観光物産協会
TEL 023-653-1680

E 舟形と尾花沢を分けるのが猿羽根峠だ。峠上には、新庄藩領と刻んだ境石がある（舟形町舟形）

F 尾花沢は、松尾芭蕉が俳人でもある鈴木清風を訪ね、長逗留した町。養泉寺で 7 泊している（尾花沢市梺町）

G 東根にも古い町並みが残り、歴史散策を楽しめる。小学校の校庭に日本一のケヤキが立つ（東根市本丸南）

H 天童藩主の居城だった舞鶴《まいづる》山《やま》から天童の町並みを望む。羽州街道はまだ南下を続ける（天童市天童）

yamagata 024

越後十三峠街道

古の石畳を踏み、連続する峠道を行く

山形県米沢市丸の内――山形県小国町玉川

黒沢峠の石畳。天保年間(1830～1844)から 3 回の道普請で石畳に改修されたという(小国町黒沢)

越後十三峠のなかでも難所中の難所とされた宇津峠の入り口には、旅の安全を願う地蔵尊が立っていた（小国町沼沢）

険しい峠を越えながら、人の来し方行く末を想う

越後十三峠街道は、米沢を起点とし、上小松《かみこまつ》、手ノ子《てのこ》、市《いち》野々《のの》、小国、玉川などの宿駅を経て、越後との藩境となる大里峠へと至る。この道筋の開削に乗り出したのは伊達氏で、それを米沢藩が継承するかたちで、米沢と越後新発田《えちごしばた》を結ぶ本街道と定めていた。

天下の本街道と言えば、聞こえはいいが、道筋の特徴はその名の通りだ。上小松から先にまず諏訪峠をはじまりに、宇津《うつ》峠《とうげ》、桜峠、朴ノ木峠《ほうのきとうげ》、萱野峠《かやのとうげ》、黒沢峠など大小十三からなる峠と難所が待ち受ける。飯豊及び朝日山脈の深い峡谷を縫い、深山から湧き出す無数の川を渡って、西方へと向かう、まさに冒険にも似た旅路だ。

写真上、上杉氏の居城の米沢城は、石垣ではなく土塁を多用している（米沢市丸の内）　写真右、大宮集落は大宮子易《こやす》神社の神域だったため、出産は必ず集落外の産屋で行った（小国町大宮）　写真左、街道沿いに、かつて郡役所の書記官だった緒方家の長屋門が立っていた（川西町下奥田）

この街道を通じて、米沢からは米、たばこ、青苧《そ》、漆などが持ち出され、反対に越後からは、塩、鮭、織物が運び込まれたが、人々の苦労はどれほどのものだっただろうか。物資運搬の専門集団とはいえ、難渋を強いられたことは想像に難くない。

さて、前置きはこれくらいにして、旅を始めることにしよう。

越後十三峠街道にふさわしい様相を呈してきたのは宇津峠から。錦秋に燃える山に呑みこまれるように街道は登っていく。

ここから先は、まさに峠の連続。道筋は険しく息をつく暇さえない状態だ。そして、十三峠のクライマックスが黒沢峠の石畳だ。ブナの森に延びる苔むした石畳を歩いていると、街道が街道として存在した時代へと連れ戻されるかのような錯覚を覚えた。

その先でさらにいくつも峠を

飯豊連峰の自然の豊かさは格別だ。一晩雨が続いたが、玉川の水が濁ることはなかった（小国町玉川）

写真上、大里峠へと至る道筋は、深い森の中を行く(小国町玉川)　写真右、朴ノ木峠では小さな観音堂が旅人を見守っていた。ここを下れば足《あし》野《の》水《みず》の集落だ(小国町小国小坂町)　写真左、雨の大里峠を歩き、頂上の大里大明神でしばし、雨宿りした(小国町玉川)

越え、ようやく藩境へ至る大里峠道にたどり着いた。峠頂上には大明神が祀られているという。雨の中、この大里大明神をひと目拝むために歩きだす。

熊が今にも現れそうな深い森を進みながら、萱野峠の麓、足野水に住んでいた老夫婦とのひとときを想い返した。おじいさんが子供の頃、深雪の中を泳ぐようにして冬の萱野峠を越えて玉川の小学校へと通ったという話だ。早朝に家を出て、昼前にようやく学校に着き、弁当を食べたら、帰宅開始。家に着くのは暗くなる頃だったという。子供たちがただひたすら、雪の峠を越えるという話だが、「生きていくために人が歩いた」という記憶を、遠い昔話のように感じるのはなぜだろうか。

街道の旅はいつも、人間の来し方を思い起こさせ、行く末を指し示してくれる。

yamagata
024

越後十三峠街道

起点●山形県米沢市——終点●山形県小国町

米沢藩の本拠地を起点に国道287号を北上、川西町で西に進路をとり、飯豊町へ。いくつもの峠を越えながら豪雪で知られる小国を目指す。

B 米沢にある上杉家廟所《びょうしょ》。謙信から始まる上杉家代々の藩主がここに埋葬されている（米沢市御廟）

C 上小菅《かみこすげ》の観音様は置賜《おきたま》三十三観音の第一番札所となっている。本尊は鎌倉初期の観音様（米沢市広幡町上小菅）

D 下小松《しもこまつ》の仁王尊は、昔から巡礼者が立ち寄る場所でもあった。たくさんの草鞋が奉納されていた（川西町下小松）

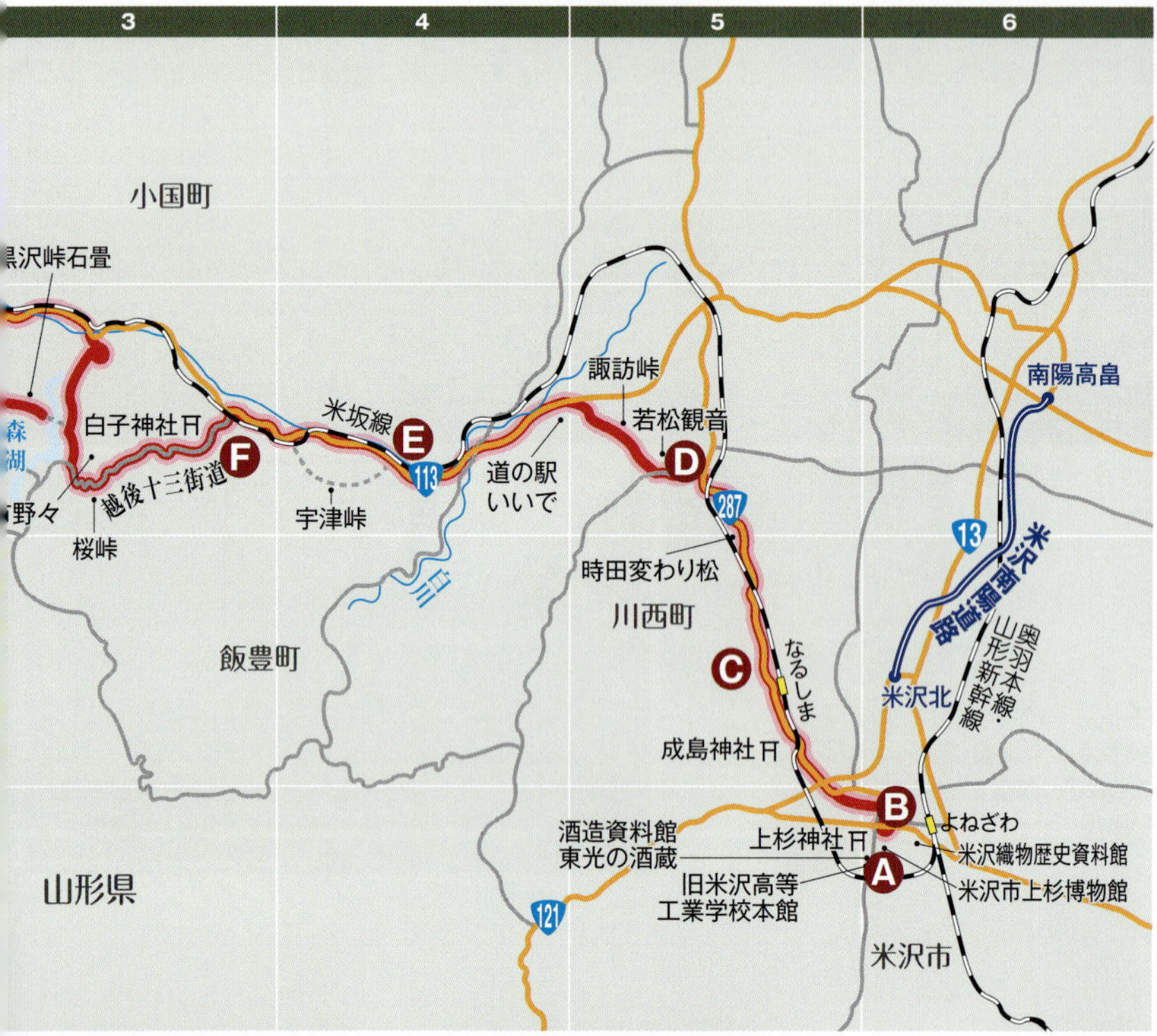

F 白子沢《しらこさわ》の集落を見守るお地蔵様は、刀で切られた痕があり、化け地蔵と呼ばれる（小国町白子沢）

G 足野水と玉川を結ぶのは萱野峠だ。昭和中頃まで使われた石畳の道が今も残っている（小国町玉川）

H 越後へと抜ける大里峠には、大里大明神を祀った祠が立っていた。晴れた日には海が見える（小国町玉川）

散策ガイド

観　光

●米沢城趾
「天地人」直江兼続ゆかりの地。上杉神社、稽照殿、米沢市上杉博物館、上杉謙信公像、上杉鷹山公像などがある。
所在地／山形県米沢市丸の内1丁目松が岬公園
TEL 0238-21-6226（米沢観光物産協会）　map D-6

●上杉神社
藩祖謙信公を祀る神社で、全国から年間180万人の人々が参拝に訪れる。
所在地／山形県米沢市丸の内1-4-13
TEL 0238-22-3189（上杉神社社務所）　map D-6

●米沢市上杉博物館
数千に及ぶ上杉氏ゆかりの貴重な品々や国宝を収蔵。上杉の歴史と文化を中心とした「江戸時代の置賜・米沢」を主軸に構成。
所在地／山形県米沢市丸の内1-3-60
TEL 0238-26-8001（旧上杉伯爵邸）　map D-6

●米沢織物歴史資料館
米沢織の歴史資料の展示・保存及び米織製品を販売している。
所在地／山形県米沢市門東町1-1-87
TEL 0238-22-1325　map D-6

●旧米沢高等工業学校本館
山形大学工学部の前身、米沢高等工業学校本館として使われた建物。国指定重要文化財。
所在地／山形県米沢市城南4-3-16
TEL 0238-26-3011　map D-6

●おぐに白い郷土の森（森林浴歩道）
広さ約185 haにも及ぶブナの森。整備された遊歩道は3つのコースを楽しめる。
所在地／山形県西置賜郡小国町大字石滝
TEL 0238-62-2416（山形県小国町産業振興課）　map A-2

買い物

●酒造資料館 東光の酒蔵
銘酒東光の名で知られる、慶長2年(1597)創業の米沢藩御用酒屋、小嶋総本店の酒造資料館。
所在地／山形県米沢市大町2-3-22
TEL 0238-21-6601　map D-6

●道の駅白い森おぐに
スキー場と一体になっている「道の駅」。レストラン、軽食コーナー、物産直売所がある。
所在地／山形県西置賜郡小国町大字小国小坂町616-1
TEL 0238-62-3719　map A-2

街道の歴史、文化財等の問い合わせ先

●街道について
米沢市教育委員会教育管理部（米沢市役所）
TEL 0238-22-5111

●その他
米沢観光物産協会
TEL 0238-21-6226

A 上杉家の歴代藩主が居住した米沢城趾。現在は上杉神社が立ち、米沢の町を見守る（米沢市丸の内）

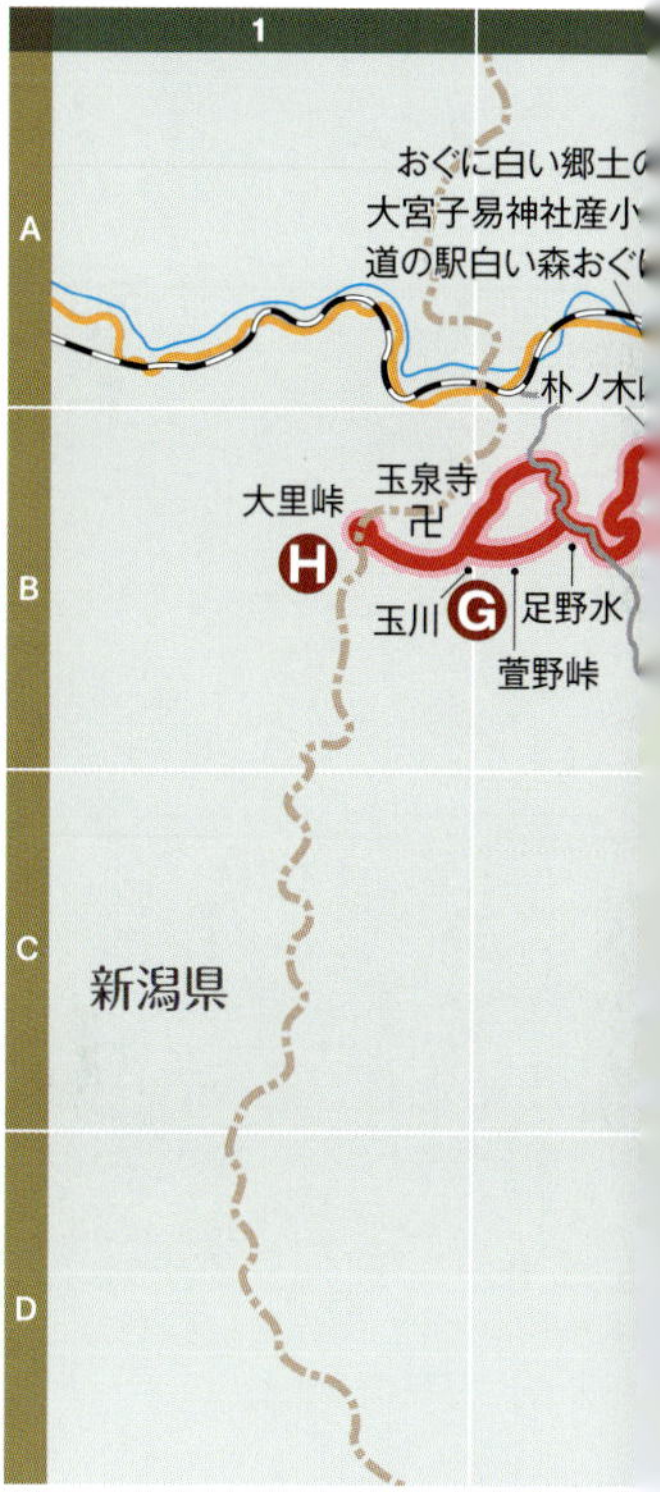

E 手ノ子を過ぎると現れる二本松。街道旅の目印だった。ここから先、いよいよ峠が連続する（飯豊町手ノ子）

yamagata 025

山形県山形市八日町——山形県鶴岡市馬場町

出羽の山々に見守られながら進む信仰の道
六十里越街道

出羽三山神社のある岩根沢《いわねさわ》では、集落が秋色に染まっていた。六十里越街道はここからが本番だ(西川町岩根沢)

出羽三山参詣路をたどり、信仰の意味を想う

六十里越《ろくじゅうりごえ》街道は内陸の最上地方と日本海側の庄内を結ぶ唯一の街道として、近世以前から存在していたとされる。しかし、この街道が発達したのは、出羽参詣者が列をなした藩制時代以降のことである。参詣講が盛んだった時代には、3万人(湯殿山の縁年《えんねん》である丑年はその3倍)もの参詣者がこの街道を通過したという。宿場も宗教集落としての性格を持っていたため、街道全体が出羽三山の信仰に染まっていたようだ。

さて、旅の始まりは山形城下八日町《ようかまち》。山形に入った参詣者は決まって羽州街道沿いの八日町に宿をとり、寒河江《さがえ》を目指したという。そこで、同じ土地から出立することにした。

寒河江までは平坦な道のり。徒歩の旅であっても快適に進んだだろう。しかし、出羽三山への最も山形寄りの登拝口となる本《ほん》道寺《どうじ》はまだまだ先。参詣者たちは、登拝口までたどりつくだけでも大きな苦労を要しただろう。

中継地となる本道寺（口之宮湯殿山神社）は、湯殿山の正別当《せいべっとう》の寺で門前町には、宿坊《しゅくぼう》が立ち並んでいた。参詣者はここで最後の身支度をして、標高１０００ｍを超す大岫《おおぐき》峠を越え、湯殿山古道とも呼ばれる参詣路をたどった。そして「語ってはならぬ」とされていた湯殿山のご神体を前に恭しく手を合わせたのである。ちなみに現在も湯殿山のご神体は「語ってはならぬ」とされ、写真を撮ることも禁止されている。

本道寺から湯殿山古道に入り、湯殿山神社を通過した街道は、しばらく深いブナの森を進

湯殿山に奉納すべく、相馬より持ち込まれた大日如来。念願果たせず、途中で安置に至ったという（中山町長崎）

写真上、最上義光《もがみよしあき》が初代城主だった霞城《かじょう》（山形市霞城）　写真右、旧西村山郡役所は、明治初期の美しい洋風建築として知られる（寒河江市寒河江）　写真左、口之宮湯殿山神社の狛犬。この神社は明治初期まで出羽三山湯殿山派の別当寺だった（西川町本道寺）

む。視界が開けるのは名勝の七つ滝を過ぎたあたりで、その先には多層民家で知られる田麦俣集落がある。田麦俣の次に現れる大網集落もそうだが、周囲を山に囲まれ、田畑の中に家が点在する景観美は実に見事である。なお、本道寺から湯殿山古道へと至る道筋は復元・維持されており、登山の装備を整えれば、往時の参詣旅を味わうことが可能となっている。

　大網を抜け、十王峠《じゅうおうとうげ》まで達すると旅の終わりも近い。昔から、十王峠までが湯殿山の神域の結界とされてきた。その先は、俗界というわけである。

　神域と俗界を分かつ峠に立ち、冬支度の済んだお地蔵様に見送られて、住み慣れた俗界に足を踏み入れた。とくに何かが変わるわけではないが、ふと、思う。遠い時代、参詣者たちは何を願い、湯殿山や月山《がっさん》を目指

写真上、寒河江、慈恩寺《じおんじ》の山門は豪壮な構えだ。天仁元年(1108)に奥州藤原氏の2代基衡《もとひら》が慈恩寺を改修したとされている(寒河江市慈恩寺)
写真下、十王峠を下っていくと、眼下に鶴岡の町が見えた。六十里越えの道も終わりが近い

田麦俣は4層構造の多層民家の里として知られる。養蚕と豪雪から生まれた民家様式だ(鶴岡市田麦俣)

したのだろうか。

参詣講は江戸期に大流行りした風俗のひとつでレジャーに近いものとも評される。

しかし、まだ医学も何も発達していない頃のことである。切実なるものを抱え、山を目指した人々も多くいたことだろう。

彼らが抱えていたものは、「願い」だろうか。それとも、もっと純度が高められた「祈り」のようなものだったのだろうか。

十王峠を下り、最後に立ち寄った先は、江戸期の湯殿山系即身仏・本明海上人《ほんみょうかいしょうにん》が安置されている本明寺だった。「われ今、仏にならん。末世の諸人、善心の信を頼む心願はいかなることにても成就せしめん」と遺言を残し、仏となった上人様に手を合わせ、再び「祈り」についてとりとめもない想いを巡らせた。

続く街道の先では、鶴岡の町が夕暮れに沈もうとしていた。

六十里越街道の名所のひとつ七ッ滝。錦秋の山肌を滑り落ちる水の音を風が運んできた（鶴岡市田麦俣）

十王峠を下った先にある本明寺で、天和３年(1683)に入定し、即身仏となった本明海上人の堂(鶴岡市東岩本)

岩谷十八夜観音堂《いわやじゅうはちやかんのんどう》には、盲目の女性祈祷師であるオナカマ様の習俗が伝わる（中山町金沢）

yamagata
025

六十里越街道

起点● 山形県山形市
終点● 山形県鶴岡市

山形城下より国道112号に沿って北上し、寒河江川に沿って、本道寺、田麦俣、大網を通り、十三峠を越えて鶴岡を目指す。本道寺より先は、出羽の深い山々が待つ。

A 山形城下を出てから現れる船町。最上川水運の河岸港として賑わった（山形市中野）

B 白岩宿付近の寒河江川の流れ。街道はこの川に沿って延びる（寒河江市八鍬）

散策ガイド

観　光

●霞城《がじょう》公園（山形城跡）

山形城跡を整備した公園。園内には、日本古来の伝統的建築様式で二ノ丸東大手門が復元されている。山形城跡は国指定史跡。
所在地／山形市霞城町 1-1
TEL 023-641-1212（山形市公園緑地課）　map F-6

●最上義光歴史館

最上義光所用「三十八間金覆輪《さんじゅうはちけんきんぷくりん》筋兜《すじかぶと》」をはじめ、歴史と功績を伝える遺品が多く展示。
所在地／山形県山形市大手町 1-53
TEL 023-625-7101（山形市文化振興事業団）　map F-6

●慈恩寺

天平 18 年（746）聖武天皇の勅命により開かれた歴史ある一山寺院。平安末期から室町時代にかけての仏像、仏画、仏具など文化財は、平泉中尊寺に匹敵するといわれる。
所在地／山形県寒河江市大字慈恩寺地籍 31
TEL 0237-87-3993　map D-5

●出羽三山博物館

羽黒山山頂の鏡池から出土した 500 面のうち 190 面の銅鏡や仏像などが展示されている。
所在地／鶴岡市羽黒町手向羽黒山頂
TEL 0235-62-2355　map B-3

●鶴岡公園

「鶴ヶ岡城」跡で、敷地内の堀や石垣、樹齢数百年の老杉が城の名残りを感じさせる。園内には 730 本の桜があり、県内随一の桜の名所。
所在地／山形県鶴岡市馬場町
TEL 0235-25-2111（鶴岡市役所）　map A-2

●致道博物館《ちどうはくぶつかん》

国指定重要文化財の旧西田川郡役所や、多層民家、旧鶴岡警察署庁舎など、貴重な歴史的建築物が移築されている。
所在地／山形県鶴岡市家中新町 10-18
TEL 0235-22-1199　map A-2

買い物

●道の駅寒河江

東北一の規模と施設を誇るさくらんぼのテーマパーク。県内各地の特産品、工芸品がそろう「チェリーランドさがえ」「さくらんぼ館」「チェリードーム」「トルコ館」などがある。
所在地／山形県寒河江市大字八鍬字川原 919-6
TEL 0237-86-1818　map D-5

街道の歴史、文化財等の問い合わせ先

●街道について
山形県教育委員会文化財保護推進課
TEL 023-630-3342

●その他
山形市観光協会
TEL 023-647-2266
寒河江市観光協会
TEL 0237-86-1818

C 岩根沢の出羽三山神社。庫裏の柱には一本造りで等身大の大黒様が奉られている（西川町岩根沢）

D 「語るなかれ」「聞くなかれ」と、今も神秘に包まれた修験道の霊地・湯殿山神社（鶴岡市田麦俣）

E 中世室町以前の建築とされる大日坊の仁王門。大日坊は、即身仏の真如海上人《しんにょかいしょうにん》でも知られる（鶴岡市大網）

F 十王峠には冬囲いされたお地蔵様が立っていた。もうすぐすべてが雪に覆われる（鶴岡市東岩本）

福島の街道

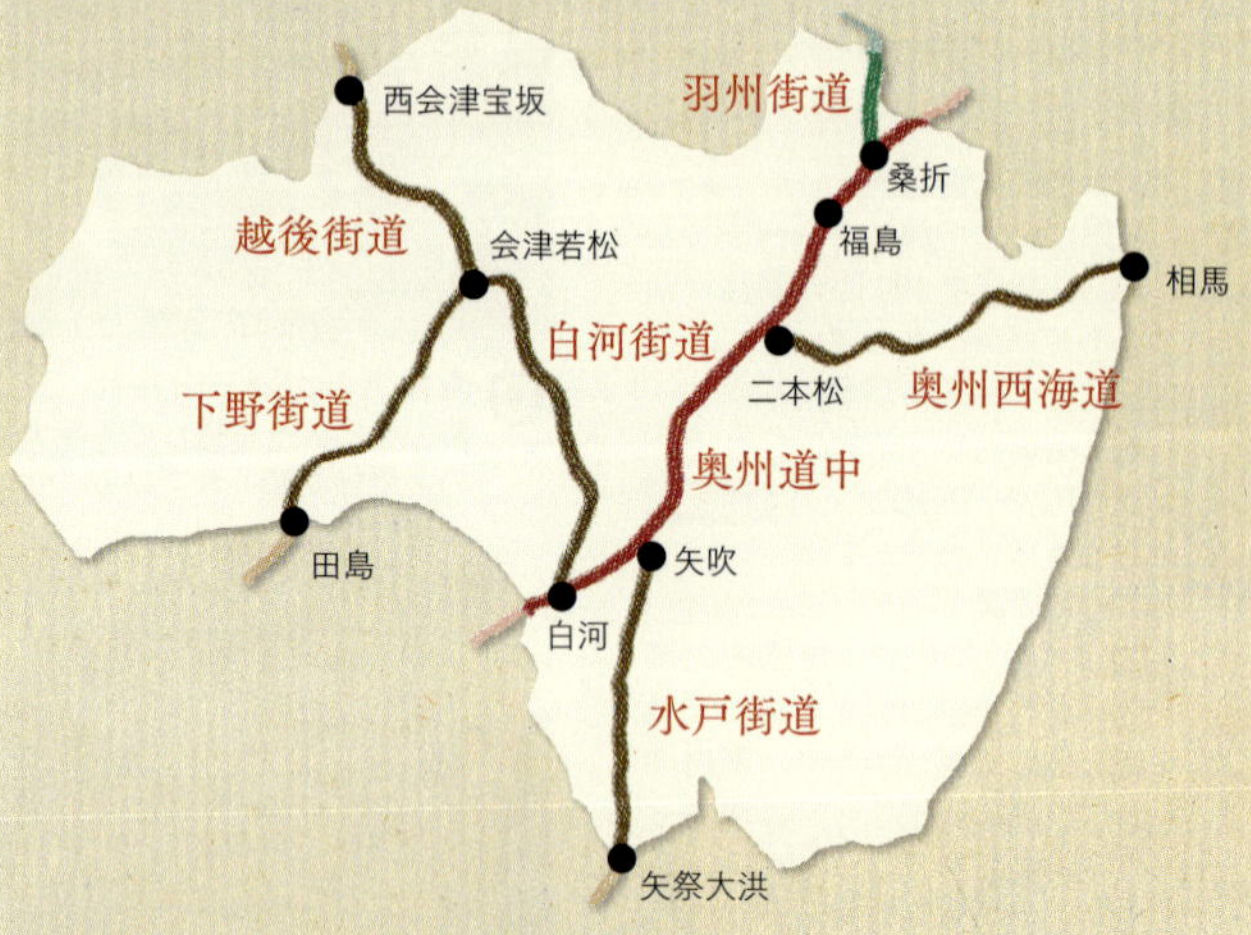

白河関を持ち、みちのくの入り口となる福島。大動脈である奥州道中の宿駅を別格とすると、福島路の拠点となるのは会津若松だ。

　会津藩の藩都としての歴史を持つ会津若松を起点とすると街道は主に5つ。会津五街道として、会津若松から放射状に延び、越後や下野をはじめとする諸国を結んでいた。5つもの街道が集まるこうした道筋を見ただけでも当時の会津若松の求心力が見てとれるだろう。

　これらの五街道のうち、街道歩きで外せないのが下野街道だ。会津若松を起点とし南下した先で出合う大内宿は、本書で紹介する街道中、最も宿場町風情を残す土地だ。もちろん、建造物の保存維持活動がなされてのことだが、茅葺きの商家が街道の両脇に並ぶ景観には、藩制時代にタイムスリップしたような感覚を得ることだろう。また、大内宿付近にはかつての峠道も健在であり、徒歩での楽しみも味わえる。

　さらに、福島の街道でユニークな存在が、相馬と二本松を結ぶ奥州西海道だ。この街道は、相馬の松川浦を中心とした塩田で作られた相馬塩の運搬に用いられた道で、「塩の道」とも呼ばれた。阿武隈山地を越える難路だが、連なる山々を望む風景は群を抜く美しさでもある。こうした山々を越えた先で現れる村々はいずれもため息が出るほど美しく、福島路の自然と、そこでの暮らしの豊かさをじっくりと感じ取ることができる。

写真右、白河小峰城が白河街道のはじまりだ（白河市郭内）　写真左、奥州西海道は阿武隈山地越えの道筋（飯舘村八木沢）　写真下、下野街道の大内宿周辺の道筋ではところどころで石碑が迎えてくれる（下郷町大内）

fukushima 026

奥州西海道

阿武隈山地を越えて、中通り二本松へと続く塩の道

福島県相馬市中村——福島県二本松市本町

た家が今も残る（二本松市太田）

巨岩に刻まれた白髭宿の二十三夜塔。白髭宿はこの街道の中で最も栄えた宿場町のひとつ。相馬藩本陣・問屋を

松川浦では水遊びをする子供たちの姿があった。藩制時代はここに塩田があり製塩が行われていた（相馬市岩子）

相馬塩を運ぶ旅人となり、松川浦から阿武隈山地へ

早朝の松川浦《まつかわうら》に立ち、鏡のように凪ぐ内海と、眩い光を放つ太平洋を眺めてから奥州西海道の旅を始めた。

相馬中村城下《そうまなかむらじょうか》と江戸を結ぶ街道は主に二つ存在した。水戸を経由し、江戸を目指す「奥州浜街道（東街道）」と、相馬領を西へ進み、阿武隈山地を横切って奥州道中へと至る「奥州西海道（相馬街道）」である。

奥州西海道は、参勤交代の指定街道であり、物資の主要輸送路だったため、藩内のなかでは重点的に整備が進められた。輸送物資の多くを占めたのが相馬近海の海産物であり、その代表となったのが松川浦周辺で作られた「相馬塩」だった。

製塩は相馬藩の財政を支えた

写真上、検断所があった一帯（南相馬市鹿島区栃窪）　写真右、相馬は「野馬追い」で知られる馬の里だ。早朝の中村城跡では、馬を調教する人の姿があった（相馬市中村）　写真左、相馬氏６万石の中村城の城外大手一の門。幕末の取り壊しを免れた建造物だ（相馬市中村）

産業のひとつで、江戸時代中期には年間2万〜5万俵もの生産があった。馬の背にゆられ、奥州西海道を経て、内陸へともたらされた相馬塩は、太平洋から入る「東入り塩」として珍重されていたという。奥州西海道が「塩の道」と呼ばれる所以はここにある。

ちなみに相馬の製塩法は、春から夏にかけて塩田で作った塩ダレを、岩穴で春まで貯蔵し、天日で自然濃縮していくもので、最終的には煮炊きして精製するものだった。

水深の浅い松川浦は塩田を作るのも容易で、周囲には天然の岩穴が数多く存在していたため、この方法はうってつけともいえた。しかし、毎日が晴天というわけにもいかないため、「雨よ降るなよ／子持ちが困る／塩田浜子の／俺が泣く」といった塩つくり歌も残されている。

写真上、比曽の十三仏。神秘的な気配が漂う（飯舘村比曽）。写真下、真福寺《しんふくじ》参道に立つ菩薩様（川俣町山木屋）

写真上、美しい里山風景が残る比曽には、道標が残されていた。峠続きの道のりだけに旅人の心を癒やしただろう（飯舘村比曽）　写真右、比曽の十三仏は、弘法大師が爪で彫ったとされる（飯舘村比曽）　写真左、雷神様がへそをつかんで立ったといわれる庚申塔（川俣村山木屋）

　さて、松川浦を背に相馬中村城下へ向かう。別名馬陵城《ばりょうじょう》と呼ばれる平山城で、戦国時代以後、明治維新まで長きにわたって、相馬氏の居城とされた。土塁を多用し、伊達領を意識して北に複雑な縄張りが備えられたという城構えは、堅城の風格が漂う。

　塩の道は、この中村城下を抜けて南西へと向かうのだが、南相馬に入り、上栃窪《かみとちくぼ》からは山越えとなった。このあたりから八木沢までの道のりは、まさに難所に次ぐ難所。途中、助け名水と呼ばれる水場を見つけたが、往時の旅人にとっては文字通り助けの水だったことだろう。馬子たちは、馬の背から山積みの塩を一度下してやり、束の間の休息を楽しんだに違いない。

　再び坂を登っていくと現れるのが峠の助観音だ。ここには茶屋もあり、憩いの場として賑わったそうだ。

山木屋で出合った日向の田の神様。小さな石仏だが、その佇まいから大切にされてきた様子が見て取れる（川俣町山木屋）

写真上、小浜には、大内氏の本拠地小浜城跡がその姿を留めていた（二本松市上長折）　写真右、応永《おうえい》11年（1404）に奥州探題の畠山満泰《はたけやまみつやす》が霧ヶ城《きりがじょう》を築いたのが、二本松城の始まりとなった（二本松市郭内）　写真左、山また山が続く阿武隈山地の道のり（南相馬市鹿島区上栃窪）

八木沢峠を越え、飯舘村に入ると、海道は比曽《ひそ》や山木屋《やまきや》など、東北らしい美しい山里を通過していく。道端に立つ山の神様や庚申様は今も大切に守られており、心の豊かな土地であることを物語っていた。古老によると、ここは「三匹の獅子舞」をはじめとする郷土芸能が盛んな土地でもあるという。

歴史や文化を受け継ぐことで残るものはなんだろうか。価値観やアイデンティティーという目に見えないものだけだろうか。この土地の美しい佇まいはきっと、阿武隈山地とともに生きてきた人々が持ち続けてきた「受け継ぐ」という精神と無縁ではないだろう。

白髭宿《しらひげじゅく》を過ぎ、戦国時代の山城が残る小浜まで来ると、阿武隈山地を進む旅路も終わりだ。

海道は坂道を下り、二本松の街区へと溶け込んでいった。

fukushima
026

奥州西海道

起点●福島県相馬市——終点●福島県二本松市

B 南北朝時代、中村氏によって築かれた相馬中村城。空堀《からぼり》には石垣の姿が残っている（相馬市中村）

C 真野川沿いに立つ石碑群。庚申塔のほか、山の神の石碑がこの地で多くみられる（南相馬市鹿島区御山）

D 栃窪から八木沢までは深い山を行く。旅人が喉を潤した助け名水が保存されていた（南相馬市鹿島区上栃窪）

F 山木屋の車道脇は旧道がその姿を留める。休み場には飯綱《いいづな》権現のほか、多数の石碑が並ぶ（川俣町山木屋）

G 白髭宿は、宿駅らしい町並みが残る。参勤交代の折には藩主も泊まった宿駅本陣跡も残る（二本松市太田）

H 二本松城の石垣は豪壮だ。丹羽光重《にわみつしげ》が白河藩より入封し、現在の城下町を整備した（二本松市郭内）

相馬から阿武隈山地に分け入るルートを進む。その後、飯舘の比曽、川俣の山木屋を経て小浜から二本松へと入っていく。

散策ガイド

観　光

●相馬中村城跡　馬陵公園

慶長16年(1611)に相馬利胤《としたね》が築いた中村城の跡。一帯は、馬陵公園となっており、春には数百本の桜が咲き誇る市民の憩いの場になっている。

所在地／福島県相馬市中村北町94-2

TEL 0244-37-2155(相馬市観光物産課)　map A-5

●二本松神社

二本松神社例大祭として350年の伝統を誇る二本松のちょうちん祭がある。

所在地／福島県二本松市本町1-61

TEL 0243-22-1066　map D-1

買い物

●道の駅ふくしま東和

日本有数のまゆの産地として桑をいかした特産品がそろっている。

所在地／福島県二本松市太田字下田2-3

TEL 0243-46-2113　map D-2

街道の歴史、文化財等の問い合わせ先

●街道について

二本松市教育委員会事務局文化課

TEL 0243-55-5154

●その他

二本松観光協会

TEL 0243-55-5122

震災後の街道　2012年1月末現在

奥州西街道の主たる輸送物資であった相馬塩の製塩場、松川浦は内湖という地形により津波被害は甚大だった。しかし、街並みの復興は早く、営業を再開した旅館なども多い。

内陸部については、土砂崩れによる通行止め区間があるほか、飯舘村は放射線量が高く計画的避難区域となっている。通行規制はないが安全への配慮は不可欠といえる。

①松川浦の景勝地のひとつ文字島は津波被害を免れた②鹿島区上栃窪から続く八木沢峠越えの道筋は、土砂崩れにより通行止めとなっている。また空間線量が高く入山を控えるように勧告されている③飯舘村飯樋付近。避難後、無人地帯となっている

Ⓐ相馬塩づくりが行われていた松川浦。文字島が浮かぶ風景は、松川浦の代表的な景観(相馬市岩子)

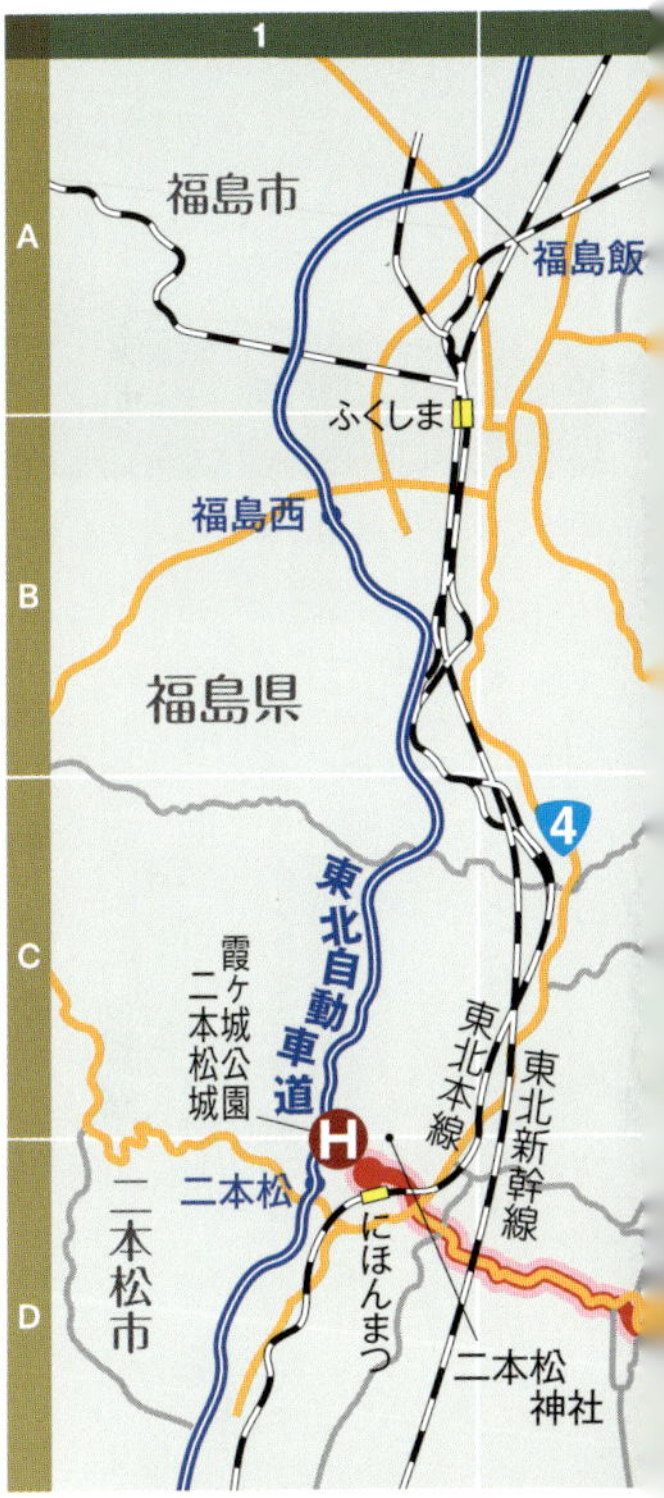

Ⓔ宝暦の大飢饉後に建立された六字名号《ろくじみょうごう》供養碑。道標としても利用されていた(飯舘村八木沢)

朝焼けの会津盆地。9月に入り、稲が色付いてきた。遠くの山は磐梯山だ（湯川村佐野目）

福島県会津若松市大町 —— 福島県西会津町宝坂

fukushima 027

越後街道

阿賀川に沿って、会津若松から越後を目指す水の旅

只見川、阿賀川で聞く土地の物語に旅の味わいを得る

会津若松を発ち、西に向かった。目指すは越後国の入り口となる鳥井峠だ。

越後街道の整備が進んだのは、他の会津五街道と同様に藩制時代のこと。参勤交代路として整備されたほか、佐渡金山への道筋として発展を遂げてきた。ただし、越後街道の発展は陸路のみで語れるものではない。

街道沿いを流れる阿賀川では、藩制時代から明治初期までの間、豊富な水量を利用した舟運が盛んに行われていた。舟は喜多方の塩川と越後の津川を結んでおり、会津からは、米や薪炭、からむしなどが積まれ、越後からは塩や海産物のほか、北前船《きたまえぶね》がもたらす京や江戸の文化も持ち込まれたという。

阿賀川水運の難所、銚子の口の近くでは、娘が生まれると桐を植えるという習慣が残っていた(西会津町新郷)

この近くに越後街道をはじめ、会津五街道の起点となる大町札の辻がある(会津若松市七日町)

ただし、川という天然の道は天候に大きく左右されるため、近くに陸路も必要で、その役割を果たしたのが越後街道だった。

さて、旅の始まりは大町札の辻。五街道の出発点となる。ここから北東に進むと現れるのが黒川の柳橋。その名の通り橋のたもとには大きな柳が立つ。この橋は別名「なみだ橋」。街道の北に処刑場があり、処刑者と身内がここで涙ながらに別れることからその名がついたという。

それを過ぎると高久宿で、かつての旅人はこの先の束原《つかはら》の渡し場で阿賀川を渡ったそうだ。

さらに進むと、只見川の渡し場がある舟渡宿に着く。古老によると、この舟渡を有名にしたのは、集落内から湧く水で、純度が高く薬水として珍重されたという。とくに藩制時代には、樽に水を汲み、馬の背で遠地まで運びだすほどの人気を得たそ

写真上、会津坂下《ばんげ》を過ぎてから現れる舟渡宿。ここから舟で只見川を渡った（会津坂下町高寺）　写真右、塔寺の恵隆寺《えりゅうじ》では、立木千手観音《たちきせんじゅかんのん》の神々しい姿を拝むことができる（会津坂下町塔寺）　写真左、束松峠《たばねまつとうげ》を控えた天屋《てんや》本名《ほんな》の集落は、方門・野沢の間の宿として賑わった（会津坂下町束松）

うだ。越後街道に知れ渡った舟渡の名水。街道歩きの楽しみは、こうした名もなき歴史の物語に触れることでもある。

只見川を渡ると街道は山の中を進み、本陣が置かれた野沢で再び里に出た。この野沢の北にある端村下野尻《しものじり》は、阿賀川舟運の舟着き場としてにぎわった場所だと聞くが、今は静けさのなかにあった。川沿いの畑で精を出すお婆さんに声をかけると、「ここいらでは娘が生まれると桐を植えるの」と笑って教えてくれた。確かに畑の隣では若い桐の林があり、初秋の眩い陽光を受け、濃い日陰を作っていた。あの木とともに成長する女の子は何歳になっただろうか。

とても懐かしい昔話を聞いた思いで阿賀川を後にし、再び街道に戻った。

越後への玄関口、鳥井峠はもう目の前である。

舟渡宿では、昔からこのお堂の裏から湧き出す水が薬水として重宝されたという（会津坂下町高寺）

写真上、人をたぶらかすという野沢の化け地蔵（西会津町野沢）　写真下、鳥井峠を越え、街道は新発田に向かう（阿賀町福取）

越後街道

起点●福島県会津若松市——終点●福島県西会津町

会津若松城下を起点とし、会津坂下、野沢を経て、阿賀川沿いに走る国道49号に重なりながら、新潟との県境となる鳥井峠を目指す。

B 高瀬新田の金毘羅大権現常夜灯。旅人はここで安全を祈願した（会津若松市神指町）

C 若松城下より最初の宿駅、高久宿の先で阿賀川を渡った（湯川村佐野目）

D 舟渡宿付近に残る旧道。この先に渡し場があったという（会津坂下町高寺）

F 代官所があった野沢に湧く泉。生活用水として利用されている（西会津町野沢）

G 上野尻の西光寺。上野尻、下野尻はともに水運で栄えた（西会津町上野尻）

H 阿賀水運最大の難所だった銚子の口。船頭の腕の見せ所だった（西会津町新郷）

散策ガイド

観　光

●ホタルの森公園
ホタルの里づくりのシンボル施設としてつくられた公園。
所在地／福島県会津若松市北会津町下荒井字宮ノ東
TEL 0242-58-2211（北会津支所）
map D-5

●田村山古墳
1200年以上前に築かれ、東北では珍しい内行花文鏡、直刀などが出土。
所在地／福島県会津若松市北会津町大字田村山字塚越
TEL 0242-58-2211（北会津支所）
map C-5

●北会津三観音
会津三十三観音のうち北会津地区には、身・口・意の三業を払うとされる3つの札所がある。
所在地／福島県会津若松市北会津町
TEL 0242-58-2211（北会津支所）
map C-5

●五浪美術記念館
町の名誉町民で日本画家として活躍した小林五浪画泊より寄贈された美術館。
所在地／福島県河沼郡会津坂下町字台ノ下 842
TEL 0242-84-1233　map C-5

●塔寺山いこいの森
塔寺山の山腹にあり、磐梯山や会津盆地が一望できる絶景スポット。頂上は一面芝生が生い茂っている。
所在地／福島県河沼郡会津坂下町大字塔寺字松原姥ヶ懐地内
TEL 0242-83-5711（会津坂下町産業部商工観光班）　map B-4

●糸桜里《しおり》の湯ばんげ
夜に星が仰げる青空星空風呂やパノラマ大浴場、ハーブ湯など全部で7つのお風呂が楽しめる。
所在地／福島県河沼郡会津坂下町大字見明字堤帰 2115
TEL 0242-83-1151　map B-4

●さゆり公園
広大な敷地に、豊かな自然に囲まれたスポーツと憩いの場として利用できる運動公園。
所在地／福島県耶麻郡西会津町登世島字西林乙 2529-10
TEL 0241-45-4317　map B-3

買い物

●道の駅にしあいづ 交流物産館よりっせ
ミネラルをバランスよく含んだ地元野菜を直売しており、その素材を使った薬膳料理や軽食も提供している。
所在地／福島県耶麻郡西会津町野沢字下條乙 1969-26
TEL 0241-48-1512　map B-3

街道の歴史、文化財等の問い合わせ先

●街道について
会津若松市教育委員会文化課
TEL 0242-39-1305

●その他
会津若松市観光公社
TEL 0242-27-4005
会津坂下町観光物産協会
TEL 0242-83-2111

A 湯川の柳橋付近には、伝馬人足、職人などが居住した（会津若松市神指町《こうざしまち》）

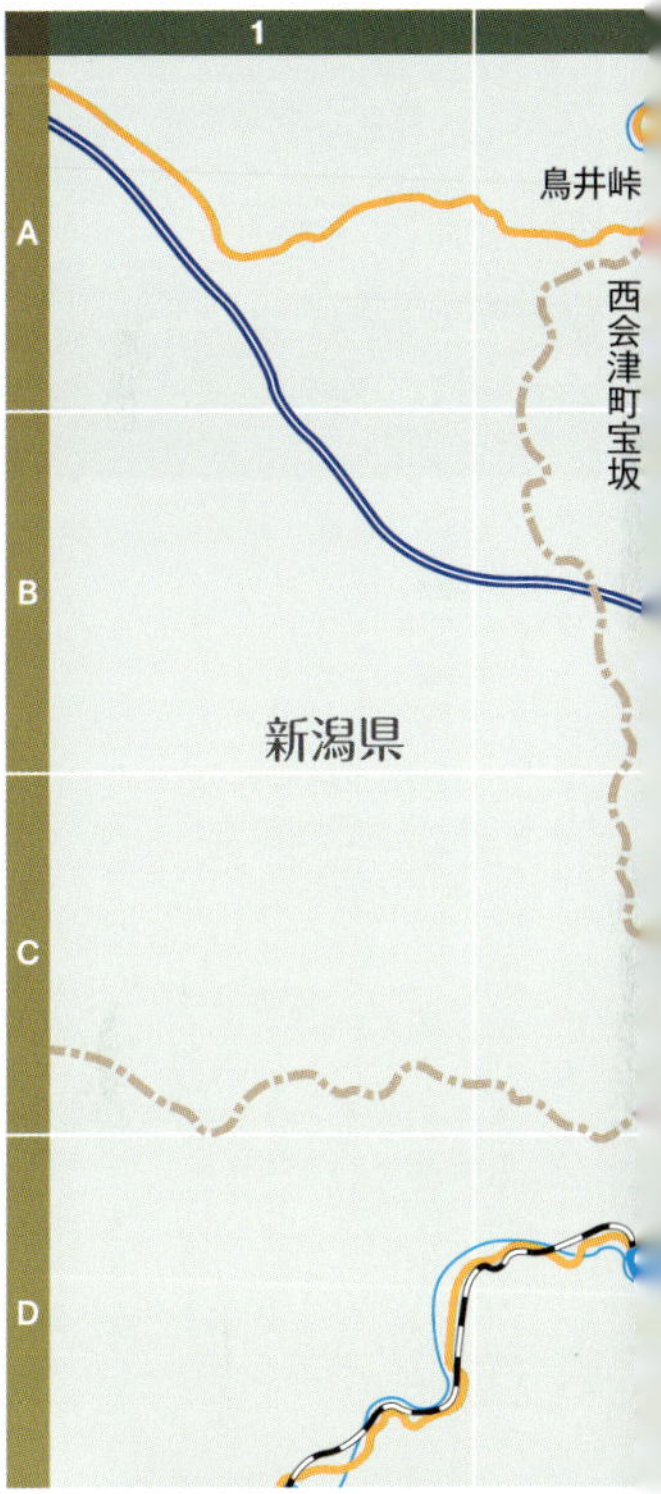

E 束松付近で出合った地蔵尊。ここから束松峠となる（会津坂下町束松）

桜咲く白河小峰城。結城親朝《ゆうきちかとも》が築城し、後に丹羽長重《にわながしげ》が大改築を行った（白河市郭内《かくない》）

福島県白河市本町——福島県会津若松市大町

fukushima 028

小峰城から鶴ヶ城へ。猪苗代湖西岸を北上する

白河街道

秀吉一行が通行し、近世の幕開けを迎える道の記憶

会津若松を目指し、春の白河小峰城から旅をはじめた。城内に咲く満開の桜と、黒漆が塗られた三重櫓《さんじゅうやぐら》のコントラストが美しい。ただし、この美しさは土地の歴史を思う人たちの手によって復元されたものだ。

国内の城の多くが近代化の波によって悲劇を迎えるが、白河小峰城も例外ではなく、戊辰戦争の折、そのほとんどが焼失している。その後の長い間、城跡に残るのは石垣、水堀《みずほり》、土塁などだったという。現在の威風堂々とした三重櫓が復元されたのは平成3年（1991）のこととなるのだが、その美しさを眺めていると、過去の歴史を遺していくという価値観は、いつの時代であっても大切なことだと

会津の鶴ヶ城。葦名《あしな》氏からはじまり、その後、蒲生氏郷《かもううじさと》が本格的な天守閣を築いた（会津若松市城東町《じょうとうまち》）

背炙り峠の次に来る滝沢峠を越えると会津となる。旧道がその姿をとどめていた（会津若松市一箕町《いっきまち》）

思い至る。とはいえ、何かを得るためには何かを失う。結局のところ、人はその繰り返しでしか前には進めないのかもしれない。

城下を通り、いよいよ街道に入っていく。奥州道中との分岐点は、国道4号と重なる女石《おんないし》。ここから国道294号となる白河街道に入ると、風景は穏やかさを取り戻す。会津まで17里余り。約67㎞に渡り、美しい里山のなかを進んでいく。途中、街道の東には青い水を湛える猪苗代湖も現れ、風光明媚な街道でもある。

この白河街道は会津五街道のひとつとして数えられてきたが、その名が歴史に登場するのは、中世から近世への転換期のことだ。奥羽仕置のため、かの豊臣秀吉一行が会津入りをする際に通行したことが大きい。

本格的な街道普請が行われたのは、寛永4年（1627）の加

写真上、福良宿から少し離れた場所に立つ隠津島《おきつしま》神社。平安時代に筑紫国より勧請した(郡山市湖南町《こなんまち》)　写真右、街道沿いで出合った十九夜塔《じゅうくやとう》。女性たちによる講で、安産と子宝祈願の信仰だという(白河市大信《だいしん》下《しも》小屋《こや》)　写真左、滝沢峠を越えると現れる旧滝沢本陣(会津若松市一箕町)

藤氏の会津黒川入部以降となっているが、近世の白河街道の整備は、秀吉の通行により始まったといえるだろう。

　また、白河街道の発展は、佐渡で採掘された金の運搬路として利用されたことも理由のひとつだ。佐渡で採掘された金は、会津に入った後、この白河街道を経て、奥州道中から上方・関東へと運ばれた。

　もちろん、今の白河街道に往時の賑わいはない。とはいえ、福良《ふくら》などの宿駅には、濃厚ともいえる歴史情緒が漂う。また、滝沢峠《たきざわとうげ》の石畳や戊辰戦争に散った藩士の墓など、目を凝らしてみると、歴史の生き証人も路傍に点在している。時が経ても決して忘れることのない記憶。街道とは、そうした記憶そのものかもしれない。滝沢峠を越え、森を抜けていくとそこが桜咲く会津だった。

白河街道

起点●福島県白河市……終点●福島県会津若松市

奥州道中が走る白河より国道294号沿いを北上。途中に勢至堂峠《せしどうとうげ》などいくつかの峠を越えながら、猪苗代湖の西側を進み、会津城下を目指す。

散策ガイド

観　光

●白河市歴史民俗資料館
白河の歴史を、白河市内や周辺から出土した縄文土器などの古代から中世、近世まで9つに分けてわかりやすく展示している。
所在地／福島県白河市中田7-1
TEL 0248-27-2310　map F-5

●南湖《なんこ》公園《こうえん》
白河藩主松平定信が享和元年(1801)に築庭した日本最古といわれる公園。
所在地／福島県白河市南湖
TEL 0248-22-1147(白河観光物産協会)　map F-5

●白河関跡
奥州三古関のひとつに数えられる白河関は、多くの歌人に「歌枕の地」として詠まれた。「奥の細道」の始まりの地としても有名。
所在地／福島県白河市旗宿白河地内
TEL 0248-22-1111(白河市商工観光課)　map G-5

●天栄村ふるさと文化伝承館
天栄村の歴史を、考古・歴史・民俗資料と写真で紹介。
所在地／福島県岩瀬郡天栄村大字大里字八石1-2
TEL 0248-81-1030　map E-5

●鶴ヶ城公園
会津のシンボルである鶴ヶ城に、約1000本の桜が花をつける会津随一の桜の名所。ソメイヨシノを中心に多種の桜が咲き誇る。
所在地／福島県会津若松市追手町1-1
TEL 0242-24-4005(会津若松市観光公社)　map B-2

●福島県立博物館
旧石器時代から現代までの福島の歴史と文化を時代ごとに紹介。民俗・自然・考古・歴史・美術のテーマごとの展示室や体験学習室もある。
所在地／福島県会津若松市城東町1-25
TEL 0242-28-6000　map B-2

●会津武家屋敷
会津藩家老西郷頼母邸を中心に重要文化財の旧中畑陣屋や会津歴史資料館など連なる総合ミュージアムパーク。
所在地／福島県会津若松市東山町石山院内1
TEL 0242-28-2525　map B-2

買い物

●郷工房古今
工芸品から銘菓・農産物など会津・福島の伝統の中で作られてきた数々の生活の名品を取り揃えている。会津武家屋敷にある。
所在地／福島県会津若松市東山町石山院内1
TEL 0242-28-2525　map B-2

街道の歴史、文化財等の問い合わせ先

●街道について
会津若松市教育委員会文化課
TEL 0242-39-1305

●その他
白河観光物産協会
TEL 0248-22-1147

A 白河街道の入り口にある仙台藩士の墓。戊辰戦争の記憶だ（白河市女石）

B 武隈《たけくま》神社には藤原鎌足の伝説が残る。周辺には歌枕の二木の松もある（天栄村《てんえいむら》大里）

C 福良宿周辺には石碑が点在する。鎌倉時代の磨崖仏《まがいぶつ》は貴重な史跡のひとつ（郡山市湖南町）

D 滝沢峠を越えると、会津の町が迎えてくれる。街道の終点大町はもうすぐだ（会津若松市一箕町）

fukushima 029

福島県会津若松市大町——福島県南会津町糸沢

会津と江戸を結び、参勤交代にも用いられた重要路

下野街道

朝靄に佇む大内宿。馬をつなぐため、家屋は掘割よりさらに後ろに建てられている(下郷町《しもごうまち》大内)

戦国時代、会津を治めた葦名《あしな》盛氏《もりうじ》が築城した向羽黒山城《むかいはぐろやましろ》跡から会津盆地を望む（会津美里町大石）

奥会津の険しき峠を越え、朝霧の大内宿にたどりつく

下野街道《しもつけかいどう》は、会津藩若松城下、大町辻の札を南下し、奥会津《おくあいづ》の山々を越えて、下野国《しもつけのくに》（現・栃木県）今市《いまいち》で日光街道に合流する。全長130㎞にも及ぶこの街道の整備は、会津藩初代藩主である保科正之《ほしなまさゆき》の手によって行われた。

将軍徳川家光の異母弟にあたり、四代将軍・家綱の後見役を務めるなど幕府との確かな結びつきを持つ正之は、会津藩の年間数万俵にも及ぶ江戸廻米や特産品などの物資輸送路として、また、江戸参勤と日光社参の主要道として下野街道の整備に力を注いだとされる。その結果、会津と江戸を結ぶ最短距離となるこの街道は、会津藩のみならず、北越後の新発田《しばた》藩、村上藩、

写真上、大内宿へと至る大内峠には「峠の茶屋」が復元されていた（下郷町大内）　写真右、田島宿に残る鴫山城跡。造営にあたった長沼氏は、16世紀初頭より当地を治めた（南会津町田島）　写真左、大内峠一里塚は、会津城下「大町札の辻」から五里にあたる（下郷町大内）

出羽の庄内藩、米沢藩などの参勤交代路としても使用された。

下野街道のこうした歴史を顧みると華やかな旅路を想像するが、実際はなかなかの悪路だ。城下を出て、陶芸の里として知られる会津美里町《あいづみさとまち》の本郷地区を過ぎると、街道は山峡へと入りこんでいく。現在は旧道に重なるようにして県道１３１号が敷かれているが、車道脇の山中に残る旧道は、深い森を進む。

とはいえ、現代の街道歩きの楽しさは、こうした峠道にある。とくに大内宿までの道のりは、氷玉峠の石畳をはじめ、大内峠に復元された茶屋など、見所も多い。

そして、峠の先で待つのが大内宿だ。この宿場ほど旅人の眼を喜ばせる場所もないだろう。真っ直ぐに延びる街道に沿って茅葺き屋根の商家が美しく立ち並ぶ光景は、まさに藩制時代の

会津三十三観音第 21 番札所の左下観音堂。大岩を開削して建てられた三層閣の懸け造り（会津美里町大石）

写真上、大内宿、倉谷宿の次に現れるのが楢原宿。ここも宿場町風情が色濃く残る（下郷町豊成《とよなり》）　写真右、倉谷宿の先で出合った庚申塔と青面金剛像《しょうめんこんごうぞう》。会津は庚申様の信仰に篤い土地柄だ（下郷町板倉）　写真左、山王茶屋跡で出合ったのは弘法大師が刻んだという小さな石仏（南会津町糸沢）

宿場町そのものだ。もちろん少しずつ手を加えてはいるのだろうが、明治17年（１８８４）に現在の国道が開通し、宿場としての役割を終えたことを考えると今のこの姿は奇跡だ。掘割のせせらぎに耳を傾け、立ち並ぶ茅葺き民家の前を歩くひとときは、下野街道旅の幸福である。

大内宿を過ぎると再び街道は山中へ。中山峠を越え、会津田島宿へと道は進んでいく。中世の時代、広くこの地を治めたのは長沼氏で、田島の鴫山《しぎやま》城跡では、強固に組み上げられた石垣が、失われし隆盛の時代を今に伝えていた。

その後、街道は糸沢へ。茶屋跡を過ぎ、山王峠を登りきるとトンネルがあり、そこが県境だった。江戸までの最短距離だという下野街道だが、下野今市までの道のりはまだまだこれから。山また山が待っている。

fukushima
029

下野街道

起点●福島県会津若松市
終点●福島県南会津町

会津若松城下を起点とし、峠を越えて大内宿へ。その後、会津田島で国道１２１号と合流し、県境となる山王峠へと至る。

A 商店が並ぶ七日町界隈。明治時代、会津一の海産物問屋だった渋川問屋（会津若松市七日町）

B 16世紀、蒲生氏の時代より焼き物の郷として栄えた会津本郷。現在もその伝統は続いている（会津美里町瀬戸町）

C 氷玉峠付近の旧道では石畳の名残を確認できる。峠越え体験にはちょうどいい場所だ（会津美里町氷玉）

D 大内峠へと至る道筋は深い森を進む。現在は茶屋が復元されるなど散策路として整備されている（下郷町大内）

散策ガイド

観　光

●鶴ヶ城博物館
会津若松市のシンボル鶴ヶ城。本丸を「鶴ヶ城博物館」として貴重な資料を展示公開している。
所在地／福島県会津若松市追手町 1-1
TEL 0242-27-4005（会津若松市観光公社） map B-3

●伊佐須美《いさすみ》神社宝物殿
伊佐須美神社境内にある宝物殿。国の重要文化財指定の朱《しゅ》漆金銅装神輿《うるしこんどうそうしんよ》など、多数の宝物を収蔵展示。
所在地／福島県大沼郡会津美里町宮林
TEL 0242-54-5050（伊佐須美神社） map B-3

●向羽黒山城跡《むかいはぐろやまじょうあと》
東北最大級の山城として有名。国指定史跡。
所在地／福島県大沼郡会津美里町白鳳山公園
TEL 0242-56-4637（会津美里町本郷インフォメーションセンター） map B-3

●大内宿
江戸時代の面影を残す貴重な文化財として脚光を浴び、国重要伝統的建造物群保存地区の指定を受けている。
所在地／福島県南会津郡下郷町大字大内
TEL 0241-68-3611（大内宿観光協会） map D-3

●奥会津博物館
郷土の歴史、民俗資料、文化財などを一般に公開。展示館・収蔵庫のほか、民家を移築し、木地小屋・炭焼小屋や一里塚などを再現。
所在地／福島県南会津郡南会津町糸沢字西沢山 3692-20
TEL 0241-66-3077 map F-1

●旧南会津郡役所
明治 18 年（1885）につくられた擬洋風木造建築の建物。昭和 46 年（1971）福島県重要文化財に指定された。
所在地／福島県南会津郡南会津町田島字丸山甲 4-81-1
TEL 0241-62-3848 map E-2

買い物

●下郷物産館
山の幸、味噌、野菜など下郷町の名産品を安く直販している。
所在地／福島県南会津郡下郷町弥五島道上 3177
TEL 0241-67-4433 map D-3

●道の駅たじま
町の南玄関である山王峠の項上付近にある。
所在地／福島県南会津郡南会津町糸沢字男鹿沼原 3242-6
TEL 0241-66-3333 map F-1

街道の歴史、文化財等の問い合わせ先

●街道について
下郷町教育委員会文化財保護係
TEL 0241-69-1166
南会津町教育委員会生涯学習課文化財係
TEL 0241-62-6311

E 大内宿の出入り口となる場所には地蔵尊の道標が立つ。旧道風情を保った場所だ（下郷町大内）

F 中山峠のお庚申様。松と楢に囲まれた広場で旅人の休み場だった水場も近い（下郷町中山峠）

G かつては大きな宿場町を形成した会津田島。駅前商店街には城下町風情も残る（南会津町田島）

H 山王峠の下を走る山王トンネル。ここから先が下野国。横川関所跡がこの先にある（南会津町田島）

矢祭《やまつり》に入ると街道沿いには風格ある民家が並ぶ（矢祭町下関河内《しもせきごうど》）

fukushima 030

福島県矢吹町本町――茨城県常陸太田市徳田

水戸街道

奥州道中から常陸国へ。鯉のぼりが泳ぐ五月の旅路

棚倉城下で出合う領主たちの夢のかけら

国道4号の喧騒をさけるように矢吹町《やぶきまち》北町から本町へと進む。その間、わずか数分ほど。奥州道中矢吹宿に入ると街道は急に落ち着きを取り戻した。

水戸街道は、この宿駅のすぐ南にある中畑新田《なかはたしんでん》を起点とし、棚倉《たなぐら》を通り、県境となる明神峠を越えて常陸国《ひたちのくに》へと向かう。そして水戸に達すると、さらに南へと延びる水戸道中に合流する。今回の旅は、県境の明神峠までの道のり。桜咲く5月の道を南下した。

近世における水戸街道は、水戸、棚倉、白河、会津を結ぶ江戸幕府の関東防衛の一環として重要視されたという。その拠点となったのは、街道の中継地点となる棚倉だ。

棚倉を見下ろす丘陵にある赤館跡。近世棚倉城以前の中世館跡とされている（棚倉町風呂ヶ沢）

隈戸川《くまどがわ》沿いの断崖には、江戸時代中期以降の作とされる磨崖仏が静かに佇んでいた（矢吹町滝八幡）

現在、棚倉の中心となっているのは元和《げんな》8年（1622）に入部した丹羽長重により造営がはじまった棚倉城である。しかし、丹羽氏以前の統治者の拠点は、棚倉城を見下ろす赤館《あかだて》にあった。

丘陵に築かれた赤館は、白河城を本拠とする白河岩城氏の影響下にあった赤館源七郎が築城したと伝えられている。戦国時代末期にこの赤館を攻略したのが佐竹氏で、その一族である東《あずま》義久《よしひさ》が城代を務めることで棚倉は新しい時代を迎える。しかし、その佐竹氏も関ヶ原の合戦後、秋田へ移封となってしまう。

この後の棚倉に入部したのが織田信長の重臣・丹羽長秀の長男にあたる長重だった。長重は赤館を廃止すると棚倉城の造営に着手し、城下町の整備を積極的に行ったのだが、わずか5年で白河藩へと移ってしまう。

次に、磐城平藩内藤家の分家

写真上、棚倉城下を見守る蓮家寺《れんげじ》の二層山門に桜がかかっていた。安政6年（1859）の建立と伝えられる（棚倉町棚倉新町）　写真右、かつて街道沿いにあった常夜灯。現在は八幡神社の境内に移されている（矢吹町八幡町）　写真左、奥州道中矢吹宿で見かけた洋館。街道はここから水戸街道中畑新田宿へと進んでいく（矢吹町本町）

筋である内藤氏がこの後の棚倉を治めたが、それも束の間で、太田氏、松平氏、小笠原氏、井上氏、松平氏、安倍氏と藩主交代劇は続いた。そして、幕末には奥羽越列藩同盟に参加し、慶応4年（１８６８）6月24日に、板垣退助率いる官軍８００名に包囲され、棚倉城はわずか一日で落城するのである。

　このように棚倉では、中世から明治維新までの間、統治者が落ち着くということはなかった。だからなのだろうか。棚倉の人間は制度や決めごとに重きを置かず、自由で独立心に富むのだという。なるほど、歴史が人間をつくるということか。

　桜が舞う棚倉城下を後にして、先に進む。街道沿いの風景は田園へと変わり、皐月の空のあちこちには、気持ち良さそうに泳ぐ鯉のぼりの姿があった。常陸国はこの空の向こうだ。

丹羽長重が築城し、戊辰戦争で落城するまでの240余年の間に、8家16代もの城主交代があった（棚倉町城跡）

水戸街道

起点●福島県矢吹町 —— 終点●茨城県常陸太田市

奥州道中矢吹宿を起点に、県道44号を南下。その後、棚倉町で国道118号に入り、矢祭町で国道349号へ合流。茨城との県境を目指す。

A 国道から外れた道となる奥州道中矢吹宿はどこか懐かしい佇まいが残されていた（矢吹町本町）

B 水戸街道中畑新田宿を過ぎた先で出合った八幡神社。この先は田園地帯となる（矢吹町八幡町）

C 幕府の浅川陣屋跡には、歴史の生き証人である２本のカヤの巨木が立っている（矢吹町中畑）

D 江戸時代初期から中期の武家屋敷、八槻家《やつきけ》住宅が現存している（棚倉町八槻）

散策ガイド

観　光

●棚倉城跡（亀ヶ城公園）

本丸跡に中央公民館、町立図書館が建ち、土塁上には南北朝時代の板碑や棚倉城規模碑、畑俊六元師終焉の碑などがある。春には濠の内外に植えられた約500本の桜が咲く。
所在地／福島県東白川郡棚倉町大字棚倉字城跡
TEL 0247-33-7886（棚倉町役場）
map D-3

●赤館《あかだて》跡（赤館公園）

丘陵地から眺める風景は、城下町棚倉の町並みが一望できる。公園の南側山麓には「紫衣事件」で棚倉に配流された京都大徳寺の住職玉室和尚の草庵跡の碑がある。
所在地／福島県東白川郡棚倉町風呂ヶ沢
TEL 0247-33-7886（棚倉町役場）
map C-3

●山本不動尊

大同2年（807）弘法大師が東北行脚の途中に護摩壇を築いたのが始まりとされる。130段の石段を登りつめると巨岩の洞窟に御本尊が安置された霊場がある。
所在地／福島県東白川郡棚倉町北山本字小桧沢94-2
TEL 0247-33-2445　map D-3

●山本公園（奥久慈県立自然公園）

山本不動尊と隣接してあり、公園を中心とした南北約5kmの渓谷は「奥久慈県立自然公園」に指定されている。
所在地／福島県東白川郡棚倉町北山本字小桧沢地内
TEL 0247-33-7886（柵倉町役場）
map D-3

●滝川渓谷

全長3kmの散策路内に48滝が連続する県内でも珍しい秘境の地。巨大な奇岩や天然の老木が茂り、年間を通して豊かな自然に接することができる。
所在地／福島県矢祭町大ぬかり地内
TEL 0247-46-4576（矢祭町役場）
map F-3

●県立自然公園矢祭山

矢祭山には三勝八景があり、山は奇岩怪石に富み、久慈川の清流とともに雄大な景勝地で「東北の耶馬渓《やばけい》」と称されている。
所在地／福島県東白川郡矢祭町内川地内
TEL 0247-46-4575（矢祭町役場）
map F-3

買い物

●道の駅はなわ

インフォメーションコーナー、特産品・農産加工品コーナー、農産物販売室、レストランを備えた山村と都市住民との相互交流及び地域活性化の拠点施設。
所在地／福島県東白川郡塙町塙字桜木町388-1
TEL 0247-44-0123　map D-3

街道の歴史、文化財等の問い合わせ先

●その他

棚倉町役場
TEL 0247-33-7886

E 街道沿いにさりげなく残る八槻の一里塚。ここを過ぎると台宿へと入っていく（棚倉町八槻）

F 下関河内周辺の街道風景。美しい生垣をもった家並みが続く（矢祭町下関河内）

G 大洪宿の静かな佇まい。この先に常陸国の入り口となる明神峠が待つ（矢祭町大ぬかり）

H 明神峠に立つ境明神社。街道はこのまま南下し、水戸を目指す（茨城県常陸太田市）

東日本大震災による街道の被害

覆い尽くす瓦礫、地盤沈下、冠水。沿岸部を走る街道も大きな被害を受けた。

未曽有の大災害となった東日本大震災から約3週間後の3月31日、震災被害に遭った街道を確認するため、南相馬を起点とし、八戸を終点とする旅に出た。

被災地に関わる街道の状況はそれぞれの項目で記すことになるが、いずれの道筋も海に近ければ近いほど大きな被害を受けていた。とくに海岸線は地盤沈下や地形の変化による被害は甚大で、陥没や冠水のため通行できない場所も数多くみられた。

街道沿いの史跡については、道標や庚申塚などの石碑の一部は津波により流失、あるいは損壊していた。ただし、取材を行った4月上旬は、瓦礫の撤去が始まったばかりで、瓦礫に覆われた風景から旧道を見つけ出し、細部を確認することは不可能だった。こうしたなか比較的、津波の難を逃れたのが高台にある産土を祀る神社だった。これらは津波襲来時の一時避難場所にもなったようだ。

また、この時点では福島第一原発事故による放射線被害の情報は乏しく、街道の放射線被害を取材するには至らなかった。このような経緯から、震災における街道の被害状況説明としては幾分不足な点もあるが、その後の取材によって得ることができた情報を加えながら、気仙沼街道、金華山道、奥州西海道の震災後を報告する。

写真左上、相馬市の北、新地町も甚大な被害を受けた（福島県新地町）。写真右上、石巻市でも被害の大きかった門脇町の惨状（石巻市門脇町）。写真左、岩手県陸前高田市は、中心市街地がほぼ全域に渡って壊滅、消滅した

岩手・宮城

気仙沼街道

岩手県一関市花泉町金沢——宮城県気仙沼市魚町

街道の終着地となる気仙沼では市街地が広範囲に渡って津波被害を受けた。とくに全国でも有数の水揚げ量を誇った気仙沼港をはじめ、南町や魚町界隈は大打撃を受けた。気仙沼街道の終着地点となる八日町でも浸水による被害が大きかった。また、気仙沼では津波の後に火災も発生したため、町の各所で延焼跡が見られた。

内陸部の道筋は基本的に通行可能だったが、一関周辺では建物の損傷も多くみられた。

気仙沼港周辺は、地盤沈下により冠水個所が多く発生し、川か水たまりか判断できないような状況だった（気仙沼市仲町）

宮城

金華山道

宮城県石巻市大街道東——宮城県石巻市鮎川浜

牡鹿半島を走る金華山道は震源地に近く、ほぼ全道に渡って甚大な津波の被害を受けた。被災直後は、街道の各所で冠水、陥没が見られ、通行不可の看板が目立っていた。鮎川浜および金華山でも船着き場が壊滅し、黄金山神社は、鳥居等の建立物が倒壊するなどの被害があった。

金華山行きの定期船の復旧は遅れているが、石巻市鮎川よりモーターボートのチャーターで金華山に向かうサービスが始まっている。

石巻市の日和山より北上川を望む。金華道は中州のあたりを通っていた。牡鹿半島へは通行可能だが、通行止めの個所も残る（石巻市日和が丘）

福島

奥州西海道

福島県相馬市中村——福島県二本松市本町

相馬塩の生産地だった相馬市の松川浦は、海に面しているため大きな被害を受けていた。観光・養殖施設の多くが被災し、万葉集にも詠まれた潟湖は夥しい瓦礫に埋め尽くされていた。

一方の内陸部は、津波被害こそないものの、道筋に当たる飯館村、川俣町が福島第一原発事故による計画的避難区域に指定されている。通行規制があるわけではないが、現在は放射線量が高く安全確認はなされていない。松川浦や相馬は復興の兆しを見せているが、当面、放射能の除染が進まない限り、阿武隈山地越えを要する奥州西海道の旅は難しいといえる。

文字島の周辺は、比較的瓦礫が少なかったが、松川浦北部、尾浜周辺まで来ると瓦礫がどこまでも続いていた（相馬市岩子および尾浜）

七夕の日、奥州道中沿いの築館に立ち寄ると、色鮮やかな吹き流しが夏の夜を飾っていた。（宮城県栗原市築館薬師）

旅の終わりに

歴史街道を旅するようになって気がつけば10年近い時が過ぎた。そもそものはじまりは、岩手県内の街道をまとめた単行本を作るための取材で、これが街道旅の面白さに気付くきっかけとなった。とはいえ、歴史については全くの素人である。旧道地図を手にあちこちで見聞を続けてきたが、今も歴史の細部についてはわからないことばかりだ。それでもこの旅を続けることができたのは、やはり東北の「今」が美しかったからなのだと思う。

街道旅とは風土の過去と今を行ったり来たりするものだが、旅先ではいつも、遠い日の物語を受け継ぐ素晴らしい「今」を感じることができた。これこそが東北の魅力なのだろうと改めて思う。そして、この魅力は、東日本大震災により被災地となった現在の東北でもまったく変わることのない部分だと信じている。大震災で亡くなられた多くの方々のご冥福と、東北の豊かな将来を心から祈っている。

岩手・雫石にて　奥山淳志

参考文献一覧

●『東北の街道』（渡辺信夫・監修／東北建設協議会）●『奥州街道』（無明舎出版・編・発行）●『城の見方』（佐藤俊一・著、『サライ』編集部・編／小学館）●『神社の見方』（外山晴彦・著、『サライ』編集部・編／小学館）●『野仏の見方』（外山晴彦・著、『サライ』編集部・編／小学館）●『図説　おくのほそ道』（松尾芭蕉・原文、山本健吉・訳／河出書房新社）●『みちのくの宿駅』（河北新報社・編／淡交社）●『奥州・秀衡古道を歩く』（相澤史郎・著／光文社）●『菅江真澄みちのく漂流』（簾内敬司・著／岩波書店）●『みちのく切支丹』（ポーロ三木・只野淳・著／富士クリエイティブハウス）●『図説　歴史散歩事典』（井上光貞・監修／山川出版社）●『図説　仏像巡礼事典』（久野健・編／山川出版社）●『図説　民俗探訪事典』（大島暁雄ほか・編／山川出版社）●『街道で読み解く日本史』（宮田太郎・監修／青春出版社）●『忘れられた日本人』（宮本常一・著／岩波書店）●『宣教師の見た明治の頃』（J・M・マラン・著、H・チースリク・訳／キリシタン文化研究会）●『日本奥地紀行』（イザベラ・バード・著、高梨健吉・訳／平凡社）●『みちのくの金』（田口勇、尾崎保博・編／アグネ技術センター）●『みちのく街道史』（渡辺信夫・著／河出書房新社）●『遠野物語』（柳田國男・著、佐藤誠輔・訳／河出書房新社）●『菅江真澄　民俗図絵』上・中・下巻（岩崎美術社）●『宿場と街道』（今戸榮一・編／日本放送出版協会）●『日本史小百科　宿場』（児玉幸多・編／東京堂出版）●『芭蕉「おくのほそ道」の旅』（金森敦子・著／角川書店）●『庶民と旅の歴史』（新城常三・著／日本放送出版協会）●『菅江真澄遊覧記』1～5巻（菅江真澄・著、内田武志、宮本常一・編訳／平凡社）●『全国歴史散歩シリーズ』青森・岩手・秋田・宮城・山形・福島（山川出版社）●『県別全国古街道事典　東日本編』（みわ明・編／東京堂出版）●『羽州街道をゆく』（藤原優太郎・著／無明舎出版）●『下北の仏像』（青森県史友の会）●『菅江真澄　深浦読本』（深浦町真澄を読む会）●『二人の絵師が描いた深浦之景』（青森県深浦町）●『津軽の祭りと行事』（船木清・著／北方新社）●『岩手県の歴史』（細井計・編／河出書房新社）●『いわて歴史探訪』（岩手日報社・編／発行）●『いわて未来への遺産　古代・中世を歩く』（岩手日報社・編／発行）●『いわて未来への遺産　近世・近代をたどる』（岩手日報社・編／発行）●『鞭牛』（佐藤善一・著／未来社）●『オシラ神の発見』（遠野市立博物館・編／発行）●『県史3　岩手県の歴史』（細井計ほか・著／山川出版社）●『岩手の峠路』（那須光吉・著／熊谷印刷出版部）●『野田街道　塩の道』（葛巻観光協会、山形村観光協会・編／発行）●『中尊寺を歩く』（中尊寺仏教文化研究所・編／中尊寺）●『桂泉観音　天台寺』（岩手県立博物館・編／発行）●『水沢のお堂と縁日』（水沢地区縁日懇談会・編／発行）●『おくのほそ道を歩く　平泉』（角川書店・編／発行）●『平泉　中尊寺・毛越寺の全容』（藤島亥治郎・監修／川嶋印刷）●『平泉藤原氏』（工藤雅樹・著／無明舎出版）●『伊能忠敬の秋田路』（佐藤晃之輔・著／無明舎出版）●『菅江真澄　秋田の旅』（田口昌樹・著／秋田文化出版）●『芭蕉と清風』（芭蕉・清風歴史資料館・編／発行）●『菅江真澄図絵集　秋田の風景』（田口昌樹・編／無明舎出版）●『仙台領の街道』（高倉淳・著／無明舎出版）●『ふるさとみやぎ文化百選　まつり』（ふるさとみやぎ文化百選編集委員会・編／宝文堂）●『宮城県の民俗芸能』（宮城県教育委員会）●『山形のまつり』（安彦好重・著／日本文化社）●『出羽修験の修行と生活』（戸川安章・著／佼成出版社）●『最上川舟運と山形文化』（横山昭男．著／東北出版企画）●『紅花読本』（笹沢信・編／一粒社）●『六十里越街道』（伊藤孝博・著／無明舎出版）●『出羽三山　文学紀行　集成』（笹沢信・編／一粒社）『日本の伝説を旅する　庄内・佐渡』（世界文化社・編／発行）●『すくしま漁民の民俗』（和田文夫・著／福島中央テレビ）●『ふくしまの祭りと民俗芸能』（懸田弘訓・著／歴史春秋社）●『新潟まつり歳時記』（駒形覐、佐藤和彦、森谷周野、山口賢俊。横山旭三郎・著）

※以上の他、各県の自治体の市町村史誌および、史跡ガイド資料、観光パンフレット、寺社の由来書などを参考にさせていただきました。また本書で紹介している全30街道を取材するにあたっては、各街道が綿密に調査されている各県発行の**『「歴史の道」調査報告書』**を活用させていただきました。より詳細な街道情報を求める方は、そちらの入手をお薦めします。本書マップについては、『県別マップル』（昭文社発行）、国土地理院発行の地形図（1／50，000）を参考にしました。

写真・文

奥山　淳志（おくやま　あつし）

1972年大阪生まれ。京都外国語大学卒業。東京で出版社に勤務した後、1998年、岩手県雫石町に移住し、写真家として活動を開始。以後雑誌媒体を中心に北東北の風土や文化を発表するほか、近年は、フォトドキュメンタリー作品の制作を積極的に行っている。『フォトドキュメンタリーNIPPON』（ガーディアン・ガーデン）、『手のひらの仕事』『岩手旅街道』（岩手日報社刊）などの著書がある。

http://www.atsushi-okuyama.com/profile.html

カバー表紙＝四方峠の旧道跡（宮城県村田町足立）
カバー表紙折込＝片倉家廟所（白石市福岡蔵本）
カバー裏表紙＝黄金山神社（石巻市鮎川浜）
カバー裏表紙折込＝金山町の町並（山形県金山町）

本書で紹介した岩手、青森、秋田の街道については、大人のための北東北マガジン『rakra』（川口工業印刷・あえるクリエイティブ）誌上で連載していた「歴史街道をゆく」をもとに再取材・再構成した内容を掲載いたしました。

歴史の薫りに触れる
とうほく旅街道

発　行　2012年4月23日　第1刷
著　者　奥山　淳志
発行者　釜萢　正幸
発行所　河北新報出版センター
〒980-0022
仙台市青葉区五橋一丁目2-28
TEL 022-214-3811
FAX 022-227-7666
印刷所　山口北州印刷株式会社

ISBN 978-4-87341-274-0